講談社選書メチエ

757

スパルタを夢見た第三帝国

二〇世紀ドイツの人文主義

曽田長人

MÉTIER

目次

序 …… 7

第Ⅰ部 人文主義者とナチズム——傍観、協調、抵抗 …… 19

第一章 傍観：イェーガー——「政治的な人間の教育」 …… 24

第二章 協調：ハルダー——人間性の擁護から人種主義へ …… 56

第三章 抵抗：フリッツ——「学問・大学の自由」の擁護 …… 83

小括 …… 106

補論 古典語教師の往復書簡に見るナチズムへの傍観 …… 109

第Ⅱ部　第三帝国におけるスパルタの受容……115
第一章　スパルタについて……118
第二章　ナチズムの世界観・政策とスパルタ……126
第三章　第三帝国のスパルタ受容に対する国外での賛否……161
第四章　第三帝国のスパルタ受容に対する国内での批判……171
小　括……184

第Ⅲ部　第二次世界大戦後の人文主義者……195
第一章　イェーガー――人文主義からキリスト教へ……203
第二章　ハルダー――人種主義からオリエンタリズムへ……211

第三章　フリッツ――「学問・大学の自由」の擁護から啓蒙主義へ　222
小括　232
結語　235
注　241
文献目録　247
初出一覧　272
あとがき　275

凡　例

本文での注その他について、二つ断らせていただく。第一に引用文その他の出典は、本文中の引用部直後の括弧に、(Heller, S. 312) のような形で、文献の著者（または作品）名、同一著者で複数の引用文献がある場合は該当文献の刊行年、ページ数（DVDの場合は収録時間）を記した。引用文献の詳しい書誌については、巻末の「文献目録」を参照せられたい。引用文内の括弧（　）は、原則として引用者による。また引用文中の強調は原文による。引用部が段落をまたがる場合、改行部は反映していない。第二に紙数の都合で、注は必要最小限しか施さなかった。本論で述べていることの論拠、補足説明、出典についてさらに詳しく知りたい読者は、巻末の「初出一覧」に掲載されている拙論を参照せられたい。

序

ナチズム台頭の起源への問い

第二次世界大戦後、ドイツ第三帝国（以下「第三帝国」と略）による数多くの非人間的な蛮行が明らかとなった。これを前にして、次のような問いが掲げられた。「優れた詩人、哲学者、音楽家を輩出した文化大国のドイツが、なぜナチズムのような危険思想の台頭を許したのか？」ドイツに関心を持つ多くの人々が、この問いに答えを出そうと努めてきた。例えば、トーマス・マン（一八七五—一九五五年）は『ファウスト博士』において、ドイツの架空の天才作曲家アードリアーン・レーヴァーキューンの生涯に故国の運命を仮託した。そして「高く発達し過ぎた精神の、古代的《アルカイック》な原始性への破局的な転落」[1]（Heller, S. 312）を描いた（レーヴァーキューンの一モデルは、ニーチェ（一八四四—一九〇〇年）と言われている）。右で述べた問いの答えは、ドイツ人が一八世紀後期以降、古代ギリシアに抱いた特別な愛着からも説明できるのではないか。筆者は、そう考えている。

日本がユーラシア大陸の高い文化を輸入して自国の文化や国家を形成していったように、近代ヨーロッパの国民国家、特にドイツは、（キリスト教と並んで）古代ギリシア・ローマとの取り組みによって独自の文化や国家を形成していった。古代ギリシア・ローマの文化遺産は、主として古代ギリシア語、ラテン語で記された文学作品や資料を手段として、後世へ伝えられてきた。この二つの古典語の教育、古典語で記された写本や資料の収集、校訂、訓詁注釈、研究に携わり、古代ギリシア・ローマの文化遺産を同時代や後世へと媒介した人々を、人文主義者と呼ぶ（本書において人文主義とは、「古代ギリシア・ローマを師表として人間形成を目指す運動」、人文主義者とは、主に「古典文献学者、古代史家、古典語教師」として理解する）。ドイツにおいて人文主義者は、こうした狭義の意味での学問・教育に携わったのみならず、彼らの多くは後述するように国民的なアイデンティティーの形成と密接な関わりを持った。したがって第三帝国下の古代ギリシアの受容のみならず、彼ら人文主義者が第三帝国、その前後の時代に果たした役割、ドイツの国家・社会の状況を検討することによって、前の段落の最終文に述べた筆者の考えの信憑性を判断できるだろう。

周知のようにドイツの教養市民は僅かな例外を除いて、ナチズムに抵抗しなかった。ヴェルナー・イェーガー（一八八八―一九六一年）を中心として、一九二〇年代から三〇年代にかけてドイツで展開した古典復興の精神運動である「第三の人文主義」も、同様である（これについては、本論で詳しく論じる）。第二次世界大戦後ニュルンベルク裁判においては「人間性《ヒューマニティー》に対する犯罪」が新たな訴追条項として設けられ、ナチスによる一連の野蛮な行為が裁かれた。「人間性」とはラテン語のフマニタスに遡る多義的な概念だが、この場合の人間性とは、英語や日本語のこれに対応する言葉が主に意味するように、「人道・人間愛」のことである。これを前にして、ドイツの「人文主義の無力」が指摘された。けだしドイツの人文主義は、「古代は人間性《フマニテート》の古典的な原像」（Fritsch, S. 180）であることを、指導原理（一九三三年）に掲げていたのである。

人文主義者の両極性

しかし人文主義者とナチズムの関わりについての研究が進展するにつれて、第三帝国下の彼らの多様な姿が明らかとなりつつある。その例を挙げてみたい。ナチ政権は、自らの人種主義の学問的な正当化を目的として、「インドゲルマン精神史研究所」（以下「精神史研究所」と略）を設立した（一九四一年）。この研究所の中心人物として抜擢されたのは、哲学者でも歴史学者でもなく、古典文献学者のリヒャルト・ハルダー（一八九六―一九五七年）であった。他方ナチ政権は、ドイツの（大学教員を含む）公務員に、（ヒトラー）「総統への忠誠宣誓」（以下、原則として「忠誠宣誓」と略）を義務付けた（一九三四年）。当時のドイツのほぼ全ての大学教員が、この宣誓を行った。しかし「忠誠宣誓」を「真理の教授が妨げられない限りにおいて」という条件付きで行おうとしたためナチ政権の不興を買い、大学を解雇されたドイツ人の大学教員が、ただ一人いた。それは、古典文献学者のクルト・フォン・フリッツ[2]（一九〇〇―八五年）である。このようにナチズムへの協調と抵抗を学問面で代表する人物が、共に人文主義者の中から出ている。これは、興味深い事実ということができよう。

第三帝国とスパルタ

第三帝国は、古代ギリシアの多様なあり方の中から（一八世紀後期以降、主たる規範と見なされてきたアテナイに代わって）スパルタを模範として掲げた。「スパルタは、国家社会主義者にとって一種の合言葉であった」（Harder Nachlaß, S. 7）。詳しくは本論において述べるが、ヒトラー（一八八九―一九四五年）を初めとしてヘルマン・ゲーリング（一八九三―一九四六年）、ヨーゼフ・ゲッペルス（一八九七―一九四五年）、ヴァルター・ダレー（一八九五―一九五三年）、ベルンハルト・ルスト（一八八三―一九四五年）などナチ党の幹部は、スパルタを異口同音に褒め称えた。ナチ政権はスパルタという模範を、人種政策、農業政策、教育政策、占領政策など国家・社会の広い分野において、活かすことに努めただけではない。第二次世界大戦中ドイツの敗色が濃くなると、スパルタの姿は戦意高揚の宣伝のためにも利用された。

ここで、第三帝国においてスパルタの姿が注目されるに至る歴史的な背景について、触れておきたい。ヨーロッパにおいては一八世紀後期以降、思想の座標軸がキリスト教から啓蒙主義へと次第に移動しつつあった。一八世紀後期に生まれた新人文主義という古典復興の精神運動はこの両者を媒介し、両者の総合から人間性の思想が生まれた（本書において、人間性という概念は人文主義者やナチスの自己理解を表す一つの主要概念として登場する。その際、人間性とは歴史的に重層的な複合概念であり、この概念を用いる人の関心や時代によって様々な意味が付与されたことを、予め断っておく）。人間性の思想は、一九世紀ドイツにおける人文主義的な市民文化の指導像となったのである。この思想の代表者の一人であるゲーテ（一七四九―一八三二年）は、次のように詠っている。「人間は高貴であれ、親切で善良であれ。なぜならそれのみが、人間を我々が知る他の存在から区別するからだ」（Goethe, S. 147）。しかし一九世紀末期から二〇世紀初期にかけて、人間性という理念の形骸化、濫用、人間性に基づく文化の爛熟を前にして、これに対する嫌気が生まれていた。フリードリヒ・マイネッケ（一八六二―一九五四年）はこれを、「ドイツにおける人間性の退化の歴史」（Meinecke, S. 28）と名付けている。人間性はしばしば、グローバリズムの産物、（ドイツ・ヨーロッパ社会の野蛮な実情を覆い隠す）柔弱な美辞麗句に過ぎないと見なされた。ナチズムの中心的なイデオローグとなったアルフレート・ローゼンベルク（一八九三―一九四六年）は、次のように述べている。

人間性を賛美する説教と人間の平等を説く教えのためにあらゆるユダヤ人、黒人、ムラット[3]は、ヨーロッパの国家において完全な権利を認められた市民になることができた。（中略）人間性のために、累犯の犯罪者も不幸な人間として、全民族の利害との関係なしに評価される。（中略）人間性と「精神の自由」の名において不潔なジャーナリストと恥知らずな無頼漢に、ありとあらゆる売娼文学の販売が許されている。人間性のために黒人とユダヤ人は北方人種（ドイツ人を意味する）と結婚し、それどころか重要な官職に就くことが許されている。(Rosenberg, S. 202f.)

我々は、人間性の教説が自然による選択という過程を妨害しようと試みたことを知っている。(ebd., S. 560)

こうした人間性を中心としたリベラルな社会・文化の対極にある、質実剛健で国民の一体感を体現した「民族共同体」の祖型として、「スパルタ教育」などによってギリシア随一の軍事強国となったスパルタが次第に注目された。その姿は、ヴァイマル共和国の下で貧困、失業などに喘ぐ多くのドイツ人にとって、一種の夢に映った。それは、第一次世界大戦での戦勝国に対する雪辱を可能にするとも思われた。しかしかかる夢は、病者、弱者、弱小民族の排除、知性の蔑視や言論統制などと表裏一体であった。それはまた、戦時にドイツの若者に「祖国に殉ずる英雄的な死」を強要した。後者を問題にする人々にとって、第三帝国におけるスパルタ受容は悪夢に映らざるを得なかったのである。

本書は、日本で従来ほとんど紹介されることのなかった、人文主義者とナチズムとの関わりのみならず、第三帝国におけるスパルタ受容の諸相を明らかにすることを目的とする。それによって人文主義者と第三帝国との関わりをドイツ・ヨーロッパの精神史の中に位置付けることを目指す。

近代以降のドイツの人文主義と三つの危機

ここで、近代以降のドイツにおける人文主義の展開を振り返っておきたい。ドイツにおいては、特に一八世紀後期の新人文主義の時代以来、古代ギリシア語・ラテン語（特に古代ギリシア語）、古代ギリシア（・ローマ）[4]の文化遺産との取り組みが、重要な役割を果たしてきた。人間形成および国民形成の手段としてである（曽田 二〇〇五）。古代ギリシア語・ラテン語（特に古代ギリシア語）、古代ギリシア（・ローマ）の文化遺産の中には、優れた人格陶冶の手段、真善美などの古典的な形式が顕現しているとされた。キリスト教が重視した（聖書の）文字の「聖霊 Geist」は、新人文主義における（特に古代ギリシア（語）の）「精神 Geist」として受け継がれた。ドイツが多くの領邦国家に分裂している中、「ギリシアとドイツの親縁性」が謳われ、「ローマとフランスの親縁性」、キリスト教、非ヨーロッパの文化・文明を対抗像として、古代ギリシアを模範としたドイツの文化的、政治的な国民形成が目指された。新たに制度化された（中等教育機関の）人文主義ギムナジウムにおいては古代ギリシア語・ラテン語が中心的な学科として教授され、その卒業生は大学で学び、主に官吏や学者といった国家を担うエリートとなった。彼らいわゆる教養市民は領邦国家の枠を超え、共通の古典教養を介して連帯感を培った。古典文献学は諸学の根源を明らかにし、啓蒙主義の影響下に生まれた人文系諸学における歴史学的‐実証的な研究を模範的に方法化した学問として、大きな存在感を誇っていた。

かかる状況に一九世紀末期以降、変化が訪れる。その変化の内容を、学問・学校教育上、文化上、社会政治上の危機として、引き続き概観しておく。

学問・学校教育上の危機

一九世紀末期、古典語教育・古典研究の衰退の兆しが顕著となる。その理由は、内的、外的な要因に分けて考えることができる。

内的な要因は、いわゆる「歴史主義の危機」に求められる。一九世紀初期、新人文主義の古典文献学者であるフリードリヒ・アウグスト・ヴォルフ（一七五九―一八二四年）は、古代ギリシア（・ローマ）の高い規範性を定式化する一方、歴史学的‐実証的な方法や事柄の知識に基づく新たな古典研究のプログラムを立ち上げた。このプログラムに則って大きな展開を遂げた歴史学的‐実証的な古典研究は、従来、理想視されていた古代ギリシアの古典性という規範の相対化を促した。古代ギリシアは理想の顕現であるよりも、むしろ近現代と同様の混迷を抱え、また突出した存在ではなく他の文化・文明と共通点を持つことが、次第に明らかとなっていったのである。こうした歴史学的‐実証的な方法による伝統的な価値の相対化という問題は、神学、法学などの隣接諸学も巻き込みつつあった。

外的な要因として、人文主義ギムナジウムはナショナリズム、（職業教育を重んじる）実科主義、社会民主主義からの批判に曝された。かかる新時代の潮流は、人文主義的な古典語教育・古典研究が、国民や民族、職業生活、階級対立といった現実に疎遠であることを攻撃した（ルートヴィヒ・ハトヴァニー（一八八〇—一九六一年）による『知る価値のないことに関する学問』（一九〇八年）は、ウルリヒ・フォン・ヴィラモーヴィッツ＝メレンドルフ（一八四八—一九三一年）など高名な人文主義者を揶揄し、反響を呼んだ。同書の中に「古代は、思想家、芸術家、活動し創造するいかなる人にとっても、もはや原動力ではない」（Hatvany, S. 77）とある）。特にナショナリズムの立場からの批判は、真剣に受け止める必要があった。ヴィルヘルム二世（一八五九—一九四一年）は一九〇〇年の学校会議に姿を現し、「我々は若いギリシア人やローマ人ではなく、国民的な若いドイツ人を教育しなければならない」（Verhandlungen, S. 72）と述べた。かかる批判を前にして人文主義者は、大きな流れとしてナショナリズムへ接近してゆく。

以上で述べた内的、外的な要因が与り、人文主義ギムナジウムは古典語の授業時間数の段階的な削減、大学入学資格の独占の放棄（一九〇〇年）を強いられた。第一次世界大戦、その後のヴァイマル共和国の成立は、古典語教育・古典研究の衰退に拍車をかけた。同共和国の時代、幾つかの州で成立した左派政権は古典語教育の廃止を試みた。プロイセンにおいてはハンス・リッヒャート（一八六九—一九四〇年）による学制改革が一九二五年に行われ、「文化理解を目的とする学科」が中心に据えられた。その結果、古典語の学習は従来のように（人格の陶冶という）自己目的ではなく、古代の文化を理解する単なる一手段として位置付けられたのである。

文化上の危機

野蛮な様相を呈した第一次世界大戦は、近代ヨーロッパの文化・文明の卓越性への信仰を揺るがした。人間性のような市民文化の理想像は、一般的に信憑性を失った。オスヴァルト・シュペングラー（一八八〇―一九三六年）は「西洋の没落」を予言し、同名の彼の著書は第一次世界大戦後のドイツにおいて多くの読者を見出した。世界市民主義は、かかる価値の動揺の一つの表れとして否定的に捉えられがちであった。（キリスト教、人文主義など）伝統的な価値のステイタスが一般的に低下する一方、（特に東方由来の）新たな価値が多くの人々の関心を惹きつつあった。教育学者のエドゥアルト・シュプランガー（一八八二―一九六三年）は一九二六年、次のように述べている。「東方からの棘は我々を内的にきわめて不安にさせ、この不安は以前にはただ一つしか存在しないと思われていた我々の（ヨーロッパ）文化の意味への反省を促す」（Spranger, S. 52）。従来の人間性を中心とする文化に対する批判は、神学においてはカール・バルト（一八八六―一九六八年）、哲学においてはマルティン・ハイデッガー（一八八九―一九七六年）など、様々な立場から行われつつあった。

社会政治上の危機

ヴァイマル共和国は文化的には、活況を呈した。しかし経済的・政治的には、（短い相対的安定期を除いて）混迷の状態が続いた。すなわち小政党の乱立によって政情は不安定であり、大インフレ、一九二九年の世界大恐慌などの結果、古典教養の担い手であった中産市民の多くは窮乏に陥った。ドイツ人の多くは、ヴァイマル共和国は維持するに値しないという考えに誘惑された。こうした中でドイツ共産党、ナチ党といった新興の政治政党が支持を広げつつあった。

このように様々な危機が渦巻く一九二〇年代ドイツの混沌とした状況の下、国民生活の安定とヴェルサイユ条約の破棄と人種主義を掲げて登場した、下からの政治運動がナチズム、人文主義の再生を目指して生まれた上からの古典復興の精神運動が「第三の人文主義」であった。

考察の視角

本書の叙述の順序は、以下のとおりである。第Ⅰ部においては、二〇世紀ドイツを代表する人文主義者とナチズムとの関わりを、傍観、協調、抵抗という三つの類型に分けて検討する。考察の対象となるのは、先に触れたイェーガー、ハルダー、フリッツという、イェーガーを除いて日本ではほとんどその名が知られていない古典文献学者である。この三人とナチズムとの関わりにあっては、人文主義的な古典語教育・古典研究の制度的な維持、「政治的な人間の教育」、人間性と人種主義への態度、「学問・大学の自由」の擁護などが問題となる。第Ⅱ部においては、第三帝国における古代ギリシア・ローマの受容の代表例として、スパルタ受容を取り上げる（スパルタと並んで古代ローマ帝国も、第三帝国の重要な参照項となった。しかし本書では紙数の都合で、第三帝国における古代ローマ帝国の受容については論じない）。さらに第三帝国におけるスパルタ受容に対するドイツ国外での賛否、ドイツ国内での批判についても、検討を行う。第Ⅲ部においては、第Ⅰ部で取り上げた三人の人文主義者が第二次世界大戦後、ナチズムの経験をどのように振り返り、自らの研究を発展させていったのか、考察する。以上の検討を通して、一八世紀後期以降「ギリシアの呪縛」下にあったドイツがナチズムの台頭を招いたことを跡付け、二〇世紀前半におけるドイツ人文主義の思想史上の特徴を考えてみたい。

本書が考察の対象とするのは、主として一九二〇年代から六〇年代にかけてのドイツである。しかしそこで論じられる問題は、遠い異国の、過去の出来事ではない。明治時代以後の日本の高等教育制度はプロイセン・ドイツの影響下に作られ、旧制高校のみならず第二次世界大戦後の新制大学の教養課程におけるドイツ語、フランス語などの（第二）外国語は、ドイツの人文主義ギムナジウムにおける古典語と同様、久しく教養語と見なされてきた。しかし近年、第二外国語は多くの大学や学部で必修科目から外される、あるいは開講コース数が減らされるなど、衰退の兆しが顕著である。これと並行して、（理科系の学問と比して）人文系の学問の周縁化が進んでいる。他方、社会情勢に目を転じると、ナショナリズムの道具的な利用、学問・大学に対する国家の統制、大学や学者に対する様々な形での（国家・社会への）同調圧力、管理が強まっている。すでに一部の大学人によって、かかる統制に進んで同調する動きが始まっている。こうした事態を前にすると、本書が取り上げる問題は決して過ぎ去った出来事ではなく、現在進行形ないしはこれから起こり得る出来事とも言える。もちろん日本とドイツ・ヨーロッパそれぞれの学問・大学、国家・社会の背景が大きく異なることも確かであり、これを無視することは許されない。

第Ⅰ部

人文主義者とナチズム——傍観、協調、抵抗

ベルリン、フンボルト大学（1938 年。Bundesarchiv, Bild 146-2006-0130 / Fotograf: Otto Hagemann CC-BY-SA 3.0）

王宮の庭園にあるキール大学中央講議棟（1927 年頃。Stadtarchiv Kiel, 70.934 / Fotograf: Hans Hartz CC-BY-SA 3.0）

ロストック大学本館（1953 年。Bundesarchiv, Bild 183-20674-0028 / Fotograf: Klein CC-BY-SA 3.0）

第Ⅰ部においては、ナチズムへの傍観、協調、抵抗を代表する人文主義者としてイェーガー（第一章）、ハルダー（第二章）、フリッツ（第三章）を取り上げる。イェーガーとハルダーについては、ここで挙げた類型に必ずしも収斂するものではない。すなわち「協調」のハルダーがナチズムに対して抵抗の言行を示し、「傍観」のイェーガーがナチズムに協調の言行を示したこともあった。その揺れ動きの諸相について詳しくは本論で記すが、右で述べた類型の分類が実際には異なる類型への偏差を含むものであったことを、予め断っておく。考察に際しては、この三人の古典文献学者それぞれの出自、経歴、学問上の関心、彼らとナチズムとの関わりなどを検討する。検討の仕方は、検討対象の個性によって互いにやや異なることも、予め断っておく。第Ⅰ部に入る前に、この三人の人文主義者が活動した共通の時代的な背景として、一九二〇年代から第二次世界大戦の終了に至るまで、ドイツの古典語教育・古典研究の一般的な展開を、社会状況との関わりを含めて手短に述べておく。

ヴァイマル共和国、第三帝国における古典語教育・古典研究の概観

ドイツにおいては一九二〇年代の後期から、人種主義的な古典研究、プラトン（前四二八／四二七—前三四八／三四七年）の政治観に注目する研究が増え始めた。前者の代表はハンス・F・K・ギュンター（一八九一—一九六八年）『ギリシア・ローマ民族の人種史』（一九二九年）、後者の例はユーリウス・シュテンツェル（一八八三—一九三五年）「プラトンにおける学問と、国家への関心」（一九二七年）である。人種主義への注目は「西洋の没落」論への応答、プラトンの政治観への注目はヴァイマル共和国に乏しかった国家への関心を彼の国家論に見出そうとすることから、主に生まれた。古代ギ

リシアのアルカイックな前古典期や、後のヒトラーが体現することになる指導者《ヒューラー》のあり方に注目した古典研究も一九二〇年代、盛んになりつつあった。古典文献学者のマックス・ポーレンツ（一八七二―一九六二年）はナチズムによる権力掌握の直後、次のように記している。「我々の（ドイツ）民族の精神的な生において実行される内的な方向転換は、（ナチズムによる）政治的な変革の前、すでに古代学において効果を現した」（Pohlenz, 頁数なし）。これは一六世紀の宗教改革の前夜を振り返って言われた、「（人文主義者）エラスムス（一四六六―一五三六年）が産んだ卵を、ルター（一四八三―一五四六年）が孵《かえ》した」という言葉を連想させる。

一九三三年、人文主義者の多くは（他の多くの学者と同様）ナチ政権の成立を当初、歓迎した。しかしその後、彼らの多くは同政権のあり方を傍観し、一部がナチ政権との協調、ごく一部がナチ政権への抵抗に至った。同年「職業官吏再雇用法」が施行され、ユダヤ系、「政治的に信頼できない」と見なされた教員が（当初、例外規定があったものの）大学から解雇された。ナチ政権の成立当時ドイツの大学においては、五三名の正教授と員外教授が古典文献学者として教鞭を執っていた。その中から結果として、一六名が職を解かれるか、自発的にドイツを去った（Ludwig, S. 161f.）。離職率は三〇パーセント強に及び、この比率は他の学科と比べても高い割合である。「第三の人文主義」はリベラリズムの思考遺産と見なされ、ナチズムのイデオローグによって批判された。ナチ政権下にあっても人文主義が苦しい状況にあったことは、当局（「第三帝国におけるナチ教員連盟下、帝国の専門分野「古代語」と古代語授業」）による次のような言明から明らかである。「国家社会主義による変革後の新しいドイツにおいて（古代ギリシア語・ラテン語という）古代語の授業の存在理由は、広範囲の集団によって差し当たり否定された」(Eichhorn, S. 1)。「それゆえ新しいドイツにおけるギムナジウムの教養理想は、もはや人文主義的あるいは歴史的ではなく、もっぱら人種的・民族的な教養理想である」(ebd., S. 7)。

人文主義者はナチ政権から概して好まれなかった。一九三七年、第三帝国においては約二八〇〇人の古典語教師が教鞭を執っていた。その中から約四〇パーセントが(解雇には至らないものの)政治的に危険視されていたことが、明らかにされている(Kuhlmann, S. 427)。これは他の学科と比べて、きわめて高い割合であった。ミュンヘン大学教授アルベルト・レーム(一八七一—一九四九年)など一部の人文主義者は、『人文主義ギムナジウム』を初めとする学会誌への寄稿を通してナチ政権に対する婉曲な批判を試みた。しかし彼らが結集する職能団体は「強制的画一化」の下、徐々にナチ教員連盟に編入させられた。かかる団体の機関誌も改名(『人文主義ギムナジウム』は『ギムナジウム』へ)や吸収(『ドイツ文献学者報』は『ドイツ高等学校』へ)に追い込まれ、代わりにナチ的な古典語教育・古典研究を謳う新しい雑誌(『古代語』および『ドイツと古代の教養のための新しい年鑑』)が創刊された。これらの措置によって人文主義者は、ナチ政権に対する組織的な抵抗を封じられていった(Fritsch, S. 158-165)。

一九三六年にはベルリン・オリンピックが開催された。これを機に、ドイツ人の考古学者が一九世紀中期から始めていたギリシアのオリンピア発掘の成果が喧伝された。同オリンピックは「ギリシアとドイツの親縁性」のみならず、ナチ流の教育方針すなわち身体教育の重視の成果、北方人種たるドイツ人の肉体美や優秀性を国内外に大きくアピールする機会となった。

一九三八年にはナチズムの教育理念に基づく学制改革が行われた。当時の「高等学校における教育と授業——帝国プロイセン文部科学・成人教育省による公の通達」の一節には、次のようにある。「国家社会主義による世界観の革命は、教養ある人格という幻想の代わりに、現実つまり血と歴史的な運命によって決定されたドイツ人の形態を据え、最近まで生き続けてきた人文主義的な教養イデオロギーの代わりに、現実の戦闘共同体から展開した教育秩序を構築した」(Erziehung, S. 12)。この改革によって、人文主義ギムナジウムにおける古典語の授業時間は(修業期間における、学年毎の一週間当たりの授業時間数の総計が)八九時間(九年の修業期間)から六五時間(八年の修業期間)へ減らされ、様々なタイプの高等学校の中で古典語重視の人文主義ギムナジウムが占める割合も約一三パーセントと、過去最低になった。

第二次世界大戦の開始に伴い、人文主義に関わる古典文献学、古代史などの学科も戦争協力を余儀なくされた。これと関係したシンポジウム「ローマとカルタゴ」などが開催され、『古代の新しい像』(一九四二年)などの論文集が刊行された。

第一章　傍観：イェーガー――「政治的な人間の教育」

本章においてはナチズムに対する傍観を代表する人文主義者として、ヴェルナー・イェーガーを考察する。彼は同時代のドイツを代表する人文主義者であり、彼がナチズムへの協調を試みた、という批判が行われてきた。しかしイェーガーとナチズムとの関わりにまつわる事実から、協調の試みと言えるのは一九三三年のごく短期間の出来事である。むしろ彼はその後ナチズムから距離を取り、ナチズムを傍観する姿勢に落ち着いたと考えられる。

論述の順序は、以下のとおりである。第一節においては、イェーガーの出自、経歴、学問上の関心について整理する。第二節では、序で述べた一九二〇年代の三つの危機、すなわち学問・学校教育上、文化上、社会政治上の危機に対する、イェーガーとナチズムの対応を検討する。第三節においては、イェーガーとナチズムとの関わりを一九三三年から四五年にかけて考察する。

第一節　出自、経歴、学問上の関心

イェーガーは一八八八年、当時のラインラント、現在のノルトライン・ヴェストファーレンにあるロッベリヒで生まれた。当地には（カトリシズム・）キリスト教の伝統が、人文主義の伝統と調和して息づいていた。こうした精神的な土壌は、後のイェーガーの学者としての見解に影響を与える。一九〇七年の夏学期、マールブルク大学で古典文献学と哲学の勉学を始める。一学期後イェーガーはベルリン大学へ移り、同大学の著名な古典文献学者であるヘルマン・ディールス（一八四八―一九二二年）の下で、博士の学位を取得した。

イェーガーの博士論文は、アリストテレス『形而上学』の成立史を主題としている。イェーガーは、同書の成立に関わる様々な局面の時代的な相違、教授内容と概念的な構成の変化を明らかにした。これによって同書が、従来の研究が仮定したように統一的な構造からなるのではなく、様々な講演から発展したことを証明した。こうした画期的な証明は専門家の間で高い評価を得、若きイェーガーに学者としての確固たる名声をもたらした。アリストテレス（前三八四―前三二二年）はその後もイェーガーの関心を惹き、イェーガーは後年アリストテレス『形而上学』の定評ある批判的校訂版を刊行している。イェーガーは博士の学位の取得後、ベルリン大学教授ヴィラモーヴィッツ＝メレンドルフの下で研究を行った。新プラトン主義の影響下にあった古代ギリシアの教父、エメサのネメシオス（四世紀後半）に関する論文で教授資格を取得した後、一九一四年バーゼル大学古典文献学科の員外教授に招聘された。第一次世界大戦には、健康上の理由で従軍していない。一九一五年、イェーガーは正教授としてキール大学へ移った。一九二一年にはヴィラモーヴィッツ＝メレンドルフの後任としてベルリン大学へ招聘され、一九三六年に至るまで古典文献学の講座を担当した。このベルリン時

「第三の人文主義」を支えた著作群（左から『グノーモーン』、『パイデイア』、『古代』）

代、彼は「第三の人文主義」に関する自らの構想を練り上げ、同時代のドイツの古典語教育・古典研究に大きな影響を及ぼした。

一九三三年ナチスが政権を掌握した際、イェーガーは一連の言行によって、自らの教養理念が新体制に適合することを説明しようと試みた。しかしナチズムのイデオローグの理解を得られず、次第に第一線を退いた。かかる不如意な社会状況の下、いわゆる「ニュルンベルク人種法」が制定された。ユダヤ系の妻を持つイェーガーはドイツに留まりづらくなり、一九三六年シカゴ大学からの招聘を受け、妻子と共にドイツを去った。イェーガーがアメリカ合衆国へ移住した後、彼の「第三の人文主義」は彼の弟子、周辺の人物に継承された。

一九三四年から四七年にかけて、イェーガーの主著『パイデイア――ギリシアにおける人間形成』（以下『パイデイア』と略。パイデイアは古代ギリシア語で「教育、教養、文化」などの意味）全三分冊が刊行された。一九三九年、彼はハーヴァード大学へ招聘され、同大学で教鞭を執った。一九六一年、ボストンで亡くなっている。

第二節　一九二〇年代の危機に対する対応

ここで「第三の人文主義」という呼称について、説明しておきたい。この呼称には、ルネサンス期の第一の古人文主義、一八世紀後期ドイツ古典主義期の第二の新人文主義に次いで、第三となる人文主義の隆盛をもたらすべき、という期待が込められていた。さて「第三の人文主義」は教育・学問上の運動であり、ナチズムは政治運動であった。両者はそれぞれ目的を異にするため、両者の接点は希薄であると思われるかもしれない。しかしこの二つの運動は、ほぼ同じ時代のドイツにおいて展開を遂げた。そして一九三三年のナチスによる政権掌握という時代の転機にあって、教育・学問上の運動は政治運動を基礎付ける可能性を孕んだ。

一九二〇年代の人文主義的な古典語教育・古典研究は、序で述べたような様々な危機に直面していた。本節においてはこれらの危機に対するイェーガーとナチズムの対応について、一九一〇年代からナチ政権の成立時期にかけての彼の言行を中心に検討を行う。イェーガーは、人文主義的な古典語教育・古典研究と同時代の社会・国家との関わりについて反省した。そして古代ギリシア・ローマや人文主義に関する従来の見方を刷新し、統一的なプログラムに基づく古典語教育・古典研究のルネサンスを試みたのである。

学問・学校教育上の危機に対して

学問上の危機と学校教育上の危機をなぜ関連付けて論じる必要があるのか、最初に説明を行っておく。歴史学的‐実証的な古典研究によるギリシア(・ローマ)古典古代という規範の相対化は、古典語教師としての自己理解にも影響を及ぼさざるを得なかった。というのも、彼らは(絶対性を要求した)自らの教授対象の規範性に、十全の自信を持つわけにはゆかなかったからである。しかしヴィラモーヴィッツ＝メレンドルフのような指導的な古典文献学者は、古典語教育の危機に関心を持たなかった。彼にとっては自らの学問の歴史学的‐実証的な方法に基づく進歩の方が、古典語教育の退潮よりも重要であった。こうして二〇世紀初期に、人文主義的な古典語教育・古典研究は外からの批判に曝されるだけでなく、教育と研究、学校と大学のディスクルス(言説)が乖離する危機に瀕していた。これと似たことは、現代の日本の大学においても見出される。例えばドイツ・ヨーロッパに関する学問分野の専門家が、ドイツ語の開講コース数の減少に全く無関心なことがある。

こうした中、イェーガーはベルリン大学教授としてプロイセンの文部大臣カール・ベッカー(一八七六―一九三三年)と懇意になり、同時代の文教政策に影響を及ぼすことを試みた。他方、既成メディアへの働きかけ、新メディアの形成によって人文主義に有利となる世論の形成を図った。前者についてイェーガーは、一九一〇年代から三〇年代にかけてドイツの様々な人文主義ギムナジウムや大学などで人文主義的な教養の重要性に関して多くの講演を開き、その一部を刊行した。さらに彼は一九二〇年代の後期から一般人が読む新聞（『ドイツ一般新聞』）にも、人文主義に関する四つの啓蒙的な記事を発表している。後者についてイェーガーは、新たに学際的な雑誌、すなわち『古代――古典古代の芸術と文化のための雑誌』（以下『古代』と略）、古代ギリシア・ローマに関する本を書評する『グノーモーン――古典的古代学の全体のための書評誌』（以下『グノーモーン』と略）という専門誌を創刊している。

学問上の危機に関して、イェーガーは最初の就職先であるバーゼル大学への就任演説「文献学と歴史学」において、古典文献学と歴史学という二つの学問の相違を精密にすることを試みている。彼によれば、文献学者は「理解 Verstehen」、歴史学者は「認識 Erkennen」を目指す。前者の「理解」は価値と関係し、後者の「認識」は因果関係的で時代的な事実の関連を明らかにするという。イェーガーは、古典文献学は存在しても古典的な歴史学は存在しない、と主張した（Jaeger 1916, S. 10f.）。このように一九世紀から同時代にかけて支配的であった歴史学的‐実証的な古典研究に対してイェーガーは、古典文献学という学問が（古代ギリシアという）規範を再建し、新たな古典性を発見する余地に言及していた。

一九二五年、「ドイツ古典文献学者協会」が結成された（イェーガーは同協会創立時の副会長）。従来ドイツの人文主義者は主として高等学校における古代ギリシア語・ラテン語の教師、大学における古典文献学者からなっていた。その際、両者が共通して結集する組織は存在しなかった（前者のみを束ねる組織としては、「ドイツ・ギムナジウム協会」（一八九〇年創設）とその機関誌『人文主義ギムナジウム』（同年創刊）が存在した）。この「ドイツ古典文献学者協会」は、学校における古典語教師、大学における古典研究の専門家を主たる会員とし、学校教育と学問の架橋、すなわち一種の高大連携を目指した。同協会の努力は短期間のうちに実り、一九二八年には「古典文献学におけるほど、大学と学校の教師が共に属する場はない」(Abernetty, S. 2) と自負された。

一九三〇年にはイェーガーの呼びかけの下、「ドイツ古典文献学者協会」の主催による学術会議がナウムブルクにおいて開催された。同会議のテーマは、「古典性という問題と古代」であった。古典古代に関わる様々な分野の八名の発表者が、自らの研究する学科の立場から、このテーマについて講演、討論を行った。序で述べたとおり、一九世紀に歴史学的‐実証的な研究が盛んになった結果、「古典性」という概念は相対化され、外へ働きかける力を失いつつあった。イェーガーはこうした学問・学校教育上の危機意識の下、「古典的なもの」という概念について改めて議論を試みた。討議を経て新たに獲得された「古典性」という概念は、「第三の人文主義」に確固たる支えを提供すべきであった。

この学術会議によって、「古典性」の再建というテーマは、多くの人文主義者にとって焦眉の問題として認識された。ナウムブルクでの会議の後、「ドイツ古典文献学者協会」は『人文主義ギムナジウムのための古典語教授計画』(一九三〇年、以下『教授計画』と略)を発表した。この『教授計画』において、イェーガーが以前の著作においてすでに言及していた「パイデイア」が、新たな古典性としてクローズアップされた (Lehrplan, S. 12)。かかる古典性の定式化は言うまでもなく、学問・学校教育上の危機の乗り越えを意識したものであった。

ナチズムは、人文主義的な古典語教育の衰退に対して曖昧な態度を取っていた。「国家社会主義

Nationalsozialismus」という名称には、人文主義に批判的に対したナショナリズムと社会（民主）主義という二つの流れが合流している。しかもナチ党の幹部には、（人文主義の対抗思潮である実科主義の影響下にある）実科ギムナジウムや工科大学の卒業生が多かった。しかしスパルタが人種主義などの模範として仰がれるなど、古代ギリシア・ローマの価値は認められていた。ナチズムは（テオドール・モムゼン（一八一七―一九〇三年）が説いた）「前提のない」、あるいは（マックス・ヴェーバー（一八六四―一九二〇年）が説いた）「価値から自由な」学問を、実践に役立たないとして批判した。かかる批判や、教育の実践への寄与の重視を、「第三の人文主義」もおおむね共有していた。

文化上の危機に対して

イェーガーは第一次世界大戦における伝統的な価値の無力という経験を踏まえつつも、それらの価値を否定したのではない。彼は人文主義という伝統的な価値の本質を考え抜こうとした。そして古代ギリシア人のあり方が最高の規範性を備えることを、改めて説いた。「人文主義は別の言い方をすれば、過渡的な文化現象ではなくヨーロッパ文化の継続的な構築原理である」（Jaeger 1925a, S. 112）。ここに、彼の思想の特徴である本質主義が表れている。イェーガーはかかる立場に基づいて、古代ギリシア（の継承、人文主義）に基づくヨーロッパ文化の統一を主張した。古代ギリシアとしばしば対立的に捉えられてきた古代ローマ、キリスト教の伝統も古代ギリシアの発展の下に位置付けられ、ヨーロッパという精神的共同体の構成要素とされた。以上の主張は、古代ギリシア・ローマという規範を相対化する同時代の傾向に対抗し得るものとして考えられていた。同時代の傾向とは、人文主義的な古典語教育への直接の脅威であった「文化理解を目的とする学科」の新設、シュペングラーによるヨーロッパの格下げ、東方やアジアへの関心、世界市民主義などである。イェーガーは東方への警戒を、ドイツの人文主義の使命と次のように結び付けている。「古いヨーロッパとの我々の絆を内面的にも生き生きと保ち、東の力への安易な精神的な降伏に対抗して備えることこそ、現在のドイツの人文主義に課された喫緊の超国民的な課題である」（Jaeger 1930, S. 185)。

他方ナチズムは同様の文化上の危機に対して、優勝劣敗の原則に基づく社会ダーウィニズム的な人種主義に依拠した。すなわちナチスはアーリア人種ないしはインドゲルマン人種を最優秀の民族と見なし、第一次世界大戦の戦場における同志としての経験を生の実相として捉えた。そして人文主義的な市民文化における弱者への顧慮を人間性（への惑溺）の名の下に批判する一方、ドイツ民族（共同体）を至上の価値として崇めた。民族崇拝は本質主義的な現象である。これらの特徴からナチズムは排外主義的で、少なくともその初期の段階において反ヨーロッパ的であり、世界市民主義、特にその担い手ともされ、アーリア人種ないしはインドゲルマン人種の対極に位置付けられたユダヤ民族を排斥した。

社会政治上の危機に対して

ドイツにおける二〇世紀初期以前の古典語教育に対しては、それが美的で文学的な教養に片寄っている、知育偏重であるといった批判が行われてきた。イェーガーは、こうした批判を正面から受け止め、一九二一年、次のように語っている。

我々は、我々の若者から次のような指導者が成長することを望む。彼らは単なる学者や本の虫、技術者や専門家、文学者や審美家に躾けられるのではない。決然として立つこと、見ること、歩むことという、ギリシア人のあり方のあの最高の強さ、明晰な判断と思考、特殊における普遍の認識、過去に基づく現在の認識、公明正大な無私という目的を意欲することへと教育される。
(Jaeger 1921, S. 67)

イェーガーは同時代の社会政治上の危機を視野に入れつつ、プラトンやアリストテレスを引き合いに出した。そして「人文主義は我々の政治世界の構築における支えとなる骨格である」(Jaeger 1929, S. 162) ことを説き、個人の形成よりも国家への奉仕、指導者の教育や国家倫理を重視した。こうしてイェーガーは、「美的で文学的で非政治的」とされた新人文主義から、「政治的な人間の教育」を目指す「第三の人文主義」への移行を促した。ここで挙げた二つの人文主義の特徴は、古代ギリシアにおける「観想的な生《ビオス・テオーレーティコス》」と「実践的な生《ビオス・プラクティコス》」という二つの生の類型に遡る。イェーガーは「哲学的な生の理想の起源と循環について」(一九二八年) の中で、プラトンが「ここアッティカの土壌においてのみ観想的な生と政治的な生を妥協の余地なく和解させる深い意味を湛えた試みを敢行できた」(Jaeger 1928, S. 352) ことを特筆し、「観想的な生」の意義を堅持している。しかし、同時に「人間の規定を観想ではなく行為に見た」(ebd., S. 379) ディカイアルコス (前三七五／前三五〇頃―前二八五年頃) について詳説している。ここに、イェーガーによる「第三の人文主義」の関心がよく表れている。

　イェーガーの古代ギリシア観は、同時代の国家・社会に対する見方と不可分であった。彼はアテナイの（特にソフィストによる）教養のあり方を参照項として、古代のアテナイに似ていると思われたヴァイマル共和制に体制内から批判的な意見を抱いていた。その際、アテナイの民主制を批判したプラトンによる教育観を高く評価している。またイェーガーは、同時代の共産主義を含めた世界市民主義に対しても批判的であった。「近代の諸国民にとっては古代の人間性の思想とキリスト教以外に、他の精神的な一致団結は存在しない。この統一の強さは、それがモスクワ（共産主義）やジュネーブ（国際連盟）のような単に抽象的な理念ではなく、我々の精神的で道徳的な思考形式の成長した歴史的な統一たる点にある」（Jaeger 1929, S. 162）。一九二四年にイェーガーは、「古代文化協会」を設立した（彼は同協会創立時の副会長。『古代』は同協会のいわば協会誌）。同協会は「現在の精神生活のため古代文化の学問的な認識を豊かにする」（Jaeger 1925b, S. 1）ことを謳い、学者のみならず全ドイツ語圏の教養世界から会員を募った。イェーガーは、「（古典教養という）伝統の担い手であった比較的狭い市民層が存在しなくなった」（Jaeger 1929, S. 166）ことを嘆いていたのである。

『古代』や『グノーモーン』の創刊、「古代文化協会」の創設は、古代ギリシア・ローマの愛好者の緩い結び付きを培い、周辺的な存在となった教養市民の絆を再建するのみならず、彼らを核としたドイツの社会や国家の再建を射程に入れる試みであったと言える。右で述べた一連の試みは、古典語教育に対する批判——人文主義ギムナジウムは問題解決に寄与しない人物を作り出す——を骨抜きにすべきであった。「今日、古代へ向かう人は、次のような信仰を告白する。我々の人文主義は高度に、倫理的で実践的に考えられている」(ebd., S. 168)。「人文主義は無条件に政治的な出来事である」(ebd., S. 162) というイェーガーの言葉は、人文主義が同時代の社会政治上の危機に対応する強い意欲を表している。

翻ってナチ党は一九二三年ミュンヘン一揆による政権奪取を試み、これに失敗した。同党は様々な社会政治上の問題の根源を第一次世界大戦でのドイツの敗北や匕首《あいくち》伝説[1]に認め、ヴェルサイユ条約の破棄を唱えた。その際この条約を締結したヴァイマル共和制や、共産主義に批判的に対した。ナチズムを代表する教育学者となるエルンスト・クリーク（一八八二―一九四七年）は、個人主義的な教育を批判し国民的な民族共同体の形成を目指す教育を説いた。

以上、一九二〇年代の三つの危機について、一九一〇年代からナチ政権の成立時期にかけてのイェーガーの言行を中心に検討を行ってきた。イェーガーとナチズムは学問・学校教育上、文化上、社会政治上の危機への対応について、同時代のヴァイマル共和国、共産主義、世界市民主義などに批判的な点において共通していた。しかし両者の相違は様々な危機の根源をどこに認めるか、危機の克服が拠って立つ原理、ヨーロッパあるいはドイツを重視するかなどの点にあったと考えられる。過去の伝統に縛られないナチズムは一九二〇年代の出来事の中に、(「第三の人文主義」におけるように) 危機よりも、むしろ政権獲得のチャンスを見たと言える。イェーガーによる「第三の人文主義」のプログラムは、一九世紀以来の人間性の危機にどの程度、応えるものだったのだろうか。

第三節　ナチズムとの関わり

前節において検討したナチ政権成立以前のイェーガーの言行を踏まえ、彼とナチズムとの関わりを、イェーガーによるナチズムへの協調（Ⅰ）、ナチズムから距離を取り、そして傍観へ（Ⅱ）という二つの段階に分け、検討してゆく。

Ⅰ　ナチズムへの協調

一九三三年三月いわゆる授権法が成立し、ナチ党のヒトラーによる独裁政権が誕生した。人文主義者の多くは、ナチ党の粗野なあり方に不安を抱きつつも、この出来事を歓迎した。というのも、彼らは古典語教育・古典研究の周縁化から脱出する機会を、ナチ政権の成立に期待したからである（これを表すものとして、『人文主義ギムナジウム』一九三三年第四四巻第六分冊にはナチ党の党歌「ホルスト・ヴェッセル」のラテン語訳が掲載された（Preuß, S. 235)）。ヒトラーは『我が闘争』において、「ローマ史は、全体として正しく把握されるならば、今日のみならず、おそらくあらゆる時代にとって最善の教師であり、そうあり続ける。ギリシアの文化理想も、その模範的な美という観点から、我々に保たれる必要がある」(Hitler 1925, Bd. II, S. 1075) と記していた。ヒトラーが教養市民に行ったこのようなリップサービスも、人文主義者がナチ政権へ期待を寄せる一つの理由となったのである。以下、イェーガーによる「政治的な人間の教育と古代」、『パイデイア』第一分冊の内容、これらの著作に対する反応を中心に考察してゆく。

「政治的な人間の教育と古代」

イェーガーは、多くの人文主義者の期待を背にしていた。これも与り彼は、ナチ教育の機関誌の一つとなる『生成の中の民族』一九三三年第一巻第三分冊（同年の七月頃に刊行）に、「政治的な人間の教育と古代」と題する小文を寄稿した。イェーガーは同年の四月頃、寄稿の委託を受け、短期間のうちにこの小文を著したことが推測されている（Rösler, S. 65）。同誌は、後にハイデルベルク大学学長となるクリークが編集主幹を務めていた。以下、「政治的な人間の教育と古代」の内容をまとめてゆく。

イェーガーはナチ政権の成立という出来事に鑑み、今後の教育を考える上で古代の政治的で精神的な理想がドイツの民族性およびキリスト教と並んで重要であることを訴える。その際、彼はナチズムの側から人文主義へ寄せられた批判に釈明を行う。ナチズムの精神史的な前提と折り合わないように見えるこの人文主義の起源は「一八世紀の西ヨーロッパ啓蒙の合理主義的な文化体系、（中略）個人の美的で形式的な自己形成」（Jaeger 1933, S. 43f.）の中にあるという。イェーガーは、そこに共同体の生との結合がなかったことを指摘し、その理由を（一八世紀末期の）ヴァイマル時代の古典的なドイツ文化の全く非政治的な性格に帰す。その後、「歴史主義」の学問がかかる古代像を克服した。しかし「この学問は、古代の新しい認識から新しい教育的な意欲へ前進するに至らなかった」（ebd., S. 44）。ここでは、ヴィラモーヴィッツ＝メレンドルフが暗に批判されている。

イェーガーは、「第三の人文主義」が「精神科学における「歴史主義」に対する戦いから生まれた」（ebd.）と説く。新しい人文主義の特徴は、古代の不滅で教育的、倫理的な力への注目にある。かかる関心が恣意的でないことは、プラトンが証している。彼は人間の教育を、あらゆる学問と哲学の最終的な目的にして意味であると見なした。第一次世界大戦とその後の（ドイツ）崩壊の経験が、国家という問題への関心を高めた。

「第三の人文主義」は、「古代の人間は自らの歴史的な生のあらゆる決定的な局面において、政治的な人間であるという認識」（ebd., S. 45）から出立する。ここでイェーガーは、クリークの『国民政治的な教育』から、クリークが教育におけるギリシア人の重要性を説いた一節を引用する。さらにイェーガーは、テュルタイオス（前七世紀）、ソロン（前六四〇頃―前五六〇年頃）、ヘシオドス（前七〇〇年頃）、ホメロス（前八世紀後半―前七世紀初期）、悲劇詩人、トゥキュディデス（前四五四―前三九九／三九六年）、プラトン、デモステネス（前三八四―前三二二年）といったギリシアの詩人、歴史家、哲学者、弁論家を引き合いに出し、彼らが国家教育上の模範となることを特筆する（彼らについては、主に『パイデイア』第一分冊において詳説される）。そして「文化理解を目的とする学科という誤った偶像」（ebd., S. 49）に対して、人文主義ギムナジウムを守るべきことを説く。

以上まとめた主張の多くは、一九一〇年代からナチ政権の成立時期にかけて行われたイェーガーの主張の中に、すでに含まれていた。ただクリークの著書を引用した点に、イェーガーによるナチズムへの機会主義的な迎合を認めてよいかもしれない。イェーガーは、ナチズムによる人文主義に対する批判は、（彼自身も批判した、一八世紀後期の新人文主義の系譜を引く）「美的で文学的で非政治的な人文主義」に当てはまり、自らの実践的で政治的な「第三の人文主義」は、むしろナチズムと響き合うことを主張した。

『パイデイア』第一分冊

イェーガーの『パイデイア』第一分冊は、一九三四年に刊行された（以下、同書から引用を行う場合、一般に流布した第二版に原則として依拠する）。同書の「序文 Vorwort」の執筆は一九三三年一〇月となっており、この頃イェーガーが『パイデイア』第一分冊の全体を脱稿したことが推測される。同書の「序論 Einleitung」には、次のような一節がある。「しかし我々の文化全体が自らの途方もない歴史的な経験によって揺るがされ、自らの基礎を新たに吟味するに至った現在にあって、古代の研究は、究極の、自らの運命を決定する問題として、古代の教育とは何かという問いに直面している」（Jaeger 1936, S. 19f.）。ここでいう「自らの途方もない歴史的な経験」がナチ政権の成立を指しており、多くの読者にそう受け取られたことは、想像に難くない。また『パイデイア』第一分冊の末尾には、「民主主義によって土台を築かれたペリクレス（前四九〇頃―前四二九年）の指導者としての立場とディオニュシオス（一世）（前四三〇頃―前三六七年）による純粋に軍事によって支えられた単独支配の間を貫く新たな道を見出すことが、新時代の総統国家の目的となるであろう」（Jaeger 1934, S. 511）[2]とある。ここでいう「新時代の総統国家」とは、第三帝国のことである。イェーガーは自らの国民保守的な立場を反映し、ドイツの第二帝政に似た秩序を第三帝国に期待していたことが窺える。こうしてナチ政権の成立という時局の変化が、『パイデイア』第一分冊の執筆に影響を及ぼしたことは、ほぼ確実である。以下、同書に表れたナチズムとのその他の関連について考察してゆく。
この第一分冊はホメロスからトゥキュディデスに至るまで古代ギリシアの主に前古典期を対象とし、当時、著されたギリシアの古典作品や史実がギリシア人、彼らのポリスの教育や政治にどのように影響したか、論じている。その際、『イーリアス』における戦闘の描写やスパルタの国制、歴史など、近代から見ると野蛮で粗野な古代ギリシアの側面にも触れている。かかる面は、ナチズムが好むところとなった。スパルタの愛国詩人テュルタイオスに関する章においてはナチズムと同様、「祖国へ殉ずる死」を称えている。イェーガーは人種と関係した言葉を、一九三三年以前の著作でしばしば用いていた。彼はこのナチ的な語彙を『パイデイア』第一分冊においても、数多く用いている。のみならず、ナチズムの依拠した「ギリシア人とドイツ人の人種上の親縁性」(Jaeger 1936, S. 88) に言及している。その他『パイデイア』第一分冊においては「英雄主義」が肯定的に語られ、最高級の表現が多用されている。これらは後に、ナチ的な表現の一つと見なされた (Klemperer, S. 7-17, 289-301)。さらに興味深いのは、イェーガーが『パイデイア』において (人文主義の根幹をなす) 人間性《フマニタス》を、次のように捉えていることである。

人文主義は人間性《フマニタス》に由来する。この言葉は遅くともウァロ (前一一六―前二七年) とキケロ (前一〇六―前四三年) の時代以降、古い卑俗な意味と並んで、さらに第二の、より高い厳格な意味を持っていた。しかしここで前者の意味については、考慮に入れない。この人間性という言葉はその第二の意味において、人間自身を本来の形、本来の人間存在へ教育することを性格付ける。これこそローマの政治家が模範と感じた、ギリシア生粋のパイデイアである。(Jaeger 1936, S. 13f.)

人間性《フマニタス》は多義的な概念である。その主な意味として、(他者への慈愛や寛容など)「人道・人間愛〈古代ギリシア語のphilanthropia」のみならず、(「自由学芸 liberal arts」や学識を備えた人間存在など)「教養〈古代ギリシア語のpaideia」が挙げられる(Gellius, pp. 456-457)。右の引用における「古い卑俗な意味」は前者の「人道・人間愛」を、「第二の、より高い厳格な意味」は後者の「教養」をそれぞれ指していると考えられる。そしてイェーガーは(古代ギリシア語の)パイデイアが(ラテン語の)人間性《フマニタス》の「教養」としての意味に連なり、この系譜を『パイデイア』における考察の対象にする、と明確に断っている。ところでナチズムが人間性を批判する場合(人文主義的な)「教養」を対象とする場合もあったものの、その標的は特に「人道・人間愛」としての側面およびその帰結(例えば外国人(特にユダヤ人)のドイツ社会への同化を(古典教養を介するにせよ、介さないにせよ)容易にする点など)に向けられた(Rosenberg, S. 207, 213, 218. 序、「第三帝国とスパルタ」(一一頁)参照)。イェーガーは人間性《フマニタス》をパイデイアに限定して理解すると断ることによって、自らの構想する「第三の人文主義」がナチズムの批判対象となるのを避けようとしたようにも見える。

イェーガーによるナチズムへの協調の試みは、著作活動に留まらなかった。彼は一九三三年七月、「ドイツ古典文献学者協会」会長のエーミール・クロイマン(一八六五―一九五一年)と共にナチ政権の文部科学・成人教育大臣ルストを訪問し、古典文献学者の関心を惹く問題について述べた。同年九月には新政権の成立に伴い、「ギムナジウムでの人文主義的な教養思想の新たな形成」の名の下に

「ドイツ古典文献学者協会」の指導原理が書き換えられた。この書き換えの作業にはイェーガーも加わり、人文主義的な教育の目標は、従来のヨーロッパ的な次元から、ナチズムが説いたドイツ（国民）的な次元へと移された（Fritsch, S. 183）。

「政治的な人間の教育と古代」と『パイデイア』第一分冊への反応

「政治的な人間の教育と古代」と『パイデイア』第一分冊に表れた、イェーガーによるナチズムへの協調の試みは、周囲の人々にどのように受け取られたのだろうか。

前者は、ナチズムのイデオローグによって批判された。クリークはイェーガーの小論が発表された『生成の中の民族』の次々号（一九三三年第一巻第五分冊）において、以下のように述べた。

あらゆる種類の人文主義は、文学的、哲学的、美的、倫理的であった。我々（国家社会主義者）の教養は現実の出来事に即し、国家的、政治的であるだろう（中略）。精神史的にこのように確固と固定された「人文主義」という概念を、文学的・倫理的・美的なものから（国家社会主義が説くような）政治的・歴史的なものへと、実際に完全に変えることはできるだろうか。理想主義から民族的な現実主義へ組み替えることはできるだろうか。それは難しい！（Krieck 1933, S. 77）

クリークは右の引用において、文学的、哲学的、美的、倫理的な人文主義に国家的、政治的なナチズムの教養を対置している。そして前者のみならず、人文主義でありながらも国家的、政治的であろうとするイェーガーの試みも否定している。つまりクリークは右の引用部の後半に表れているとおり、イェーガーによる人文主義の自己更新の試み（「第三の人文主義」）を認めなかった。こうしてイェーガーはクリークに自らの人文主義観を公の場で批判され、イェーガーのナチ政権への期待は、約三ヵ月しか続かなかった。ヴァルター・ルートヴィヒ（一九二九年―）は右の一連の経緯について、次のように述べている。「イェーガーは、人文主義が英雄的‐政治的な人間を教育すべきであると考えた。彼はこうした見解が、（第三帝国という）新時代にきわめてよく適合し、ギムナジウムが新国家における人文主義的で政治的な教養の場として相応しいということを、証明しようと試みたように見える。しかしその際イェーガーは、ナチ支配の性格を十分に見抜くことなく、おそらく自らの個人的な影響の可能性を過剰評価していた」（Ludwig, S. 168）。

次に、『パイデイア』第一分冊に対するドイツ国内での反響に移りたい。同書については多くの、好意的な書評が著された。しかしここでは、例外に注目する。

ハンブルク大学の古典文献学科教授ブルーノ・スネル（一八九六―一九八六年）は、『パイデイア』第一分冊について長文の書評を著した。彼は主に従来の歴史学的‐実証的な研究の系譜を継ぎ、イェーガーがプラトンの見解からプラトン以前の教育の流れを考察していることなどを指摘した。スネルはナチズムに批判的であり、彼の『パイデイア』批判の視角は多岐にわたるが、ナチズムと関わる論点についてのみ触れよう。スネルは、イェーガーによる「政治的なもの」という概念が不明瞭である点を衝く。つまりスネルによれば、政治的な「第三の人文主義」はきわめて一般的な国家への関心を模範的と見なしているため、かかる国家への関心について語る場合、現実の国家を考えているのか、あるいは要請された国家を考えているのか、区別がつかないという。「(『パイデイア』第一分冊において描かれたような)単なる性状《ヘクシス》と純粋な倫理《エートス》を伴う人文主義は、まさに非政治的である。なぜならそれは政治に仕えず――あるいはまさにあらゆる政治に仕えることができるがために――、常に言葉だけの営みに陥る危険にあるからである」(Snell 1935, S. 53f.)。こうした指摘は第三帝国におけるイェーガーや「第三の人文主義」の一般的な展開を予示するものとして、第二次世界大戦後になって、高く評価された。

翻ってナチ党員の古典文献学者で、一九三七年にナチ党の働きかけでミュンスター大学教授となったヴァルター・エーバーハルト(一八九五―一九八一年)も、『パイデイア』第一分冊への書評を著した。彼はパイデイアと人種や民族(共同体)との関連の掘り下げ方が足りないことを、批判的に指摘した(Eberhardt 1935a, S. 304)。

こうして同書に対しては、反ナチズム、ナチズム双方の立場から批判が加えられた。

II　ナチズムから距離を取り、そして傍観へ

イェーガーはナチ政権の成立に伴って当初、協調の姿勢を示した。しかしそれに対するナチズムの側からの批判を切っかけとして、ナチズムとの同床異夢から醒めてゆく。そしてナチズムから次第に距離を取り、傍観的な姿勢へと転じてゆく。その過程を第二次世界大戦の終了に至るまで、ドイツ滞

在時、アメリカ合衆国滞在時という二つの時期に分けて検討する。さらに「第三の人文主義」とナチズムとの確執、イェーガーとナチズムの類似と相違を考察しよう。

ドイツ滞在時

イェーガーがナチズムから距離を取り始めたことを具体的に表していると思われるのは、『パイデイア』第一分冊第二版の刊行（一九三六年）に伴う書き換え、および彼の『人文主義に関する演説と講演』初版（一九三七年）に収録された論文の選抜である。

前者の『パイデイア』第一分冊第二版に付された「第二版への序文」においてイェーガーは、「幾つかの見落とした箇所をこの（第二版の刊行という）機会に訂正することができた」（Jaeger 1936, 頁数なし）、と記している。実際にどの箇所が訂正されたのか初版と第二版を比較すると、イェーガーが初版で自らの人文主義を「来たるべき第三の人文主義」（Jaeger 1934, S. 16）と名付けた箇所が、第二版では「未来の人文主義」（Jaeger 1936, S. 16）に変えられ、前出「『パイデイア』第一分冊」の項（三九頁）で引用した「新時代の総統国家」に関する箇所が第二版において削除されていることなどがわかる。後者の箇所は、イェーガーの「第三の人文主義」が第三帝国の歩むべき方向を指南しているように読め、これがナチ当局を刺激するのを恐れたのであろう。

『人文主義に関する演説と講演』初版には、一九一四年から三二年にかけてのイェーガーによる、一般の広い公衆をも対象とした演説、講演、文章が収録されている。しかしこの時期に広く一般読者を対象として刊行されながらも、同書の初版には収録されなかった文章が二つある。それは、「政治的な人間の教育と古代」および「国家と文化」（これは同書の再版時（一九六〇年）に収録）である。「国家と文化」は一九三二年に行われた講演が基になり、同年発行の『古代』に当初、発表された。その中でイェーガーは、次のように述べている。

精神が普遍的なものを目指す傾向は国民文化という土台の上においても、常に現実の国家との闘争に導きかねない。いかなる文化も、それがどんなに深く民族のあり方に根付いていても、自らの思考と共に国の境界で留まることはできない。文化の中には生まれつき、普遍的なものへの萌芽がある。なぜなら文化と人間性は、そもそも同義の概念だったからである。精神を自らのプログラムに固定し、それを単なる手段として役立てようとする国家のあらゆる試みは、文化から活力を奪い、文化的な助力も国家に価値なきものとする。（Jaeger 1932, S. 212f.）

ナチ政権は成立後、「職業官吏再雇用法」の施行のみならず焚書を行うなど、思想や文化の統制に乗り出していた。これは右の引用における、「精神を自らのプログラムに固定し（中略）ようとする国家のあらゆる試み」に含まれる。こうした言論統制に先駆けてイェーガーはこの講演において、（ナチズムなどによる）「学問・大学の自由」の侵犯を警告していた、と考えられる。

彼は、「政治的な人間の教育と古代」と「国家と文化」を『人文主義に関する演説と講演』初版に収録しなかった。前者を収録しなかったことはナチ政権への距離、後者を収録しなかったことは同政権への距離のみならず遠慮を示すものであった。

イェーガーは「政治的な人間の教育」を説いたにもかかわらず、現実政治の体系や状況には不案内で、明確な政治的信条を持たなかったように見える。彼はキールでのドイツ革命（一九一八年）後、社会民主主義に期待した（Mensching, S. 70）。にもかかわらず後に、同党が重要な役割を演じたヴァイマル共和国に批判的な立場へ転じた。一九三三年、彼はナチズムに期待し、その後、距離を取った。ベアト・ネーフ（一九五七年―）によれば、「ドイツで誰が権力の座に就いて、文化と教養が誰に仕えるかということは、そもそもイェーガーの関心を大して惹かなかった。古代への配慮が、彼には決定的であった」（Näf, S. 146）。

一九三六年八月、イェーガーはシカゴ大学の招聘を受けベルリン大学を去ることが正式に決まった。イェーガーはベルリン大学教授という公務員であったので、この職を退き移住するためには政府の許可が必要であった。ナチ政府の担当当局へ提出した移住の請願書の中でイェーガーは、シカゴ大学への自らの赴任は一種の国威発揚のため、と記している（彼によれば、彼は自らの赴任の中に「アメリカの精神科学に改めてより深い影響を及ぼす類まれな（中略）チャンスという意義を認識します。これは私には、アメリカの学問的な重要性が増すのを前にして、ドイツ精神の国際的な威信にとってきわめて重要な事実に見えます」（Obermayer, S. 29））。これは、ナチ政権にとって受け入れやすい移住の理由であったろう。かかる理由付けのためか、イェーガーの退職に際してはドイツにおける彼のそれまでの学問的な貢献をねぎらうヒトラーとゲーリングの署名入りの謝辞が入った証明書が送られた（ebd.）。異例なことにイェーガーはアメリカ合衆国への移住後、同国と第三帝国が交戦状態に入った第二次世界大戦中も、第三帝国で著書の刊行を許された[3]。アメリカ合衆国においてイェーガーがナチズムに対し傍観的な姿勢を保ったのは、ナチ政権下のドイツで自著を刊行する余地を残す計算も働いたのかもしれない。このようにイェーガーのシカゴ大学への赴任は、亡命ではなかった。

ドイツ政府に対する移住の理由付けがいわばイェーガーの外向きの顔であったとすれば、彼は自らの弟子にはアメリカ合衆国へ移住する理由として、異なることを語っていた。イェーガーは彼らと惜別する際、次のように挨拶したという。「我が友よ、私を裏切者《アウトモロス》と思わないでほしい！　皆さんご存知のとおり、ドイツのここベルリンで私はとても長い間、喜びに溢れて教壇に立ち、豊かな成果を上げた。しかし自らと自らの目的に忠実であろうとするならば、ナチ政権の下ではもはや活動できない」（Götte, S. 221）。こうしたイェーガーによるナチ政権への外交的な配慮、否、面従腹背的な姿勢は、ナチ政権の文教治安担当者にも気付かれていた。一九四一年一二月六日付の文化政治情報（秘）には、「イェーガーに言及する場合は、「きわめて慎重に取り扱い、雑誌局、文化報道局と事前に協議することが望ましい」」（Losemann 1977, S. 43, 204）とある。

アメリカ合衆国滞在時

「イェーガーはアメリカ合衆国において、自らの意図にかかわらず、象牙の塔に引きこもった」（Wesseling, S. 725）。それゆえ彼は同国に滞在した間、ドイツにいた時のように学派《シューレ》を形成することはなかった。シカゴ大学への赴任後、第二次世界大戦の終了に至るまでイェーガーが主として打ち込んだのは、『パイデイア』第二分冊、第三分冊の執筆である（前者は英語版が一九四二年、ドイツ語版が一九四四年、後者は英語版が一九四四年、ドイツ語版が一九四七年に刊行）。以下、ナチ政権の成立とほぼ軌を一にして刊行された『パイデイア』第一分冊と、その後、主にアメリカ合衆国において記された『パイデイア』第二分冊、第三分冊の間の、叙述の傾向の変化について考えてみたい。

イェーガーは『パイデイア』第一分冊において「政治的な人間の教育」を謳い、人間の意識的な教育を目指したソフィストを評価した。そしてプロタゴラス（前四九〇頃―前四二〇年頃）による「万物の基準は人間である」という言葉に注目する。しかし彼らは、「国家と精神の緊張」という問題を解決できなかったという。この問題の解決はプラトンによって行われ、「万物の基準」は「人間」から「神」へ転向を遂げたという（『法律』）。かかる転向に至る記述が、『パイデイア』第二分冊、第三分冊の主たる内容をなしている。これについてラインハルト・メーリング（一九五九年―）によれば、『パイデイア』第一分冊において「人文主義が果たすべき国家倫理的な機能の信用を自ら失わせることは、「神中心的な」転向に帰結する。（中略）（イェーガーは『パイデイア』第二分冊、第三分冊を執筆する際）自らの問題設定を教養理論的な基礎付けから（ギリシアの教養史の、後のキリスト教に連なる）歴史的な連続性の証明へずらし、これと関連して自らのプログラム的な期待を弱めたことを、明確に定式化していない。これは、イェーガーの浩瀚な作品の根本的な弱点である」（Mehring, S. 126f.）。

『パイデイア』の最終章は、デモステネスを論じている。彼はマケドニアの脅威に対して、ギリシアのポリスの糾合を目指した。しかし、それを果たせず、ポリスを中心とする政治や教育のあり方は崩壊した。イェーガーは、デモステネスの挫折がなければ、キリスト教に連なるような神中心的な転向は必要なかった、と主張したかったのだろうか。デモステネスに関する章は、神中心的な転向をイェーガーが歴史的に正当化するため、『パイデイア』の結びに配置されたように見える。

一九三九年イェーガーはハーヴァード大学の招聘を受け、シカゴ大学から同大学へ移った。ハーヴァード大学で彼に師事したウィリアム・M・コーダー三世（一九三二年―）によれば、「イェーガーは同時代の出来事に関心を持たず、全く非政治的であった。彼は一度ゼミで、第二次世界大戦のことを、『ラテン語大辞典』（TLL）編纂の進展を遅らせた小さな出来事と名付けた」（Calder III, p. 289）そうである。この言葉には、イェーガーはナチズムへ傍観的な姿勢に転じた一方、ヨーロッパ古典文化への深い傾倒という点では変わらなかったことが、看て取れる。

「第三の人文主義」とナチズムの確執

イェーガーなき後のドイツにおいて、「政治的な人間の教育」という彼の構想は全く意味を失ってしまったのだろうか。第三帝国の下で、「第三の人文主義」とナチズムの確執は続いた。同帝国を代表する教育哲学者となったベルリン大学の政治教育学教授アルフレート・ボイムラー（一八八七―一九六八年）は「人文主義をめぐる戦い」（一九三七年）において、ナチズムによる人文主義の伝統からの解放を、ヨーロッパ諸民族をまとめる最後の共通の伝承（「第三の人文主義」）に対する攻撃と同一視した。そして「第三の人文主義の後に第四の人文主義が作り出されようとも、ドイツの唯一の精神的な力は国家社会主義であることに変わりはない」（Baeumler, S. 57）、「それゆえ国家社会主義は、人文主義と新人文主義によって媒介されない、人種概念から生じたギリシアのあり方への直接的な関係である」（ebd., S. 64）と述べた。ボイムラーはニーチェの人文主義批判を彼なりに理解し、古代ギリシア・ローマを全体として否定するのではなく、ナチズムの流儀でその継承を目指したのである。ボイムラーは、ナチズムが「第三の人文主義」と重なる面を持つがゆえに、両者の相違を強調せざるを得なかったのかもしれない。ナチズムに賛同し、一九四三年から四五年にかけてゲッティンゲン大学の学長を務めた古典文献学者のハンス・ドレクスラー（一八九五―一九八四年）も『第三の人文主義――批判的なエピローグ』（一九四〇年）において、「第三の人文主義」を批判した。彼は一九三七年、「第三の人文主義が根こそぎ断たれたと信じるのは、宿命的な誤謬であろう」（Drexler, S. 10）と記し、その影響力を大きく見積もっている。

スネルは『パイデイア』第一分冊の書評において、次のように記していた。「本質的なことは、古代が直接的に模倣へ向けて熱狂させ、自ら行為せざるを得なくしたことである。（ドイツ古典主義の）美的な人文主義は、芸術的な行為によって自らの価値を証明した。これと同様、（イェーガーの）政治的で倫理的な人文主義は、政治的な投入、つまり行為によって自らの価値を証明せざるを得ないだろう」（Snell 1935, S. 53）。イェーガーなき後の第三帝国において、彼の周辺の人物もナチ政権を傍観し、無力だったのだろうか。以下、その反証に触れておきたい。一九四四年七月二〇日にヒトラー暗殺を企てた、カール・ゲルデラー（一八八四―一九四五年）を中心とする国民保守派の集まりに、イェーガーと関係した人物が二人、加わっていた。一人は外交官のウルリヒ・フォン・ハッセル（一八八一―一九四四年）、もう一人は「古代文化協会」の会長を務めたプロイセンの元財務大臣ヨハネス・ポーピッツ（一八八四―一九四五年）である。ポーピッツは一九三八年の「水晶の夜」の後、「人道・人間愛」を蹂躙するナチ政権の正体に目覚め、同政権に批判的になり、抵抗運動に加わった。ヒトラー暗殺の試みが失敗に終わった後、ハッセルとポーピッツは逮捕され、死刑に処せられた。

ハッセルは有名な自らの日記の中で『パイデイア』第一分冊を読んだことに触れ（一九四三年八月一九日）、同書を次のように高く評価している。「私を最近、最も魅了したのは、イェーガーの『パイデイア』（第一分冊）である。同書は古代と未来への驚くべき洞察と展望を含む」（Hassell, S. 385）。ポーピッツは獄中で『パイデイア』第二分冊の差し入れを受け、これを読んでいたことが記録されている（Schulz, S. 242）。「第三の人文主義」はこの二人による反ナチ運動への参加という「政治的な投入」によって、ある程度、面目を保ったと言えるのかもしれない。

ナチズムとの関わりを問う本節のここまでで考察したように、イェーガーはナチズムに対して協調から距離を経て傍観に至った。かかる揺れ動きはどの程度、彼の思想それ自体に内在していたのだろうか。本節の結びとして、イェーガーとナチズムの類似と相違を改めて考察しておきたい。

イェーガーとナチズムの類似

第一に、イェーガーとナチズムは、共に本質主義的な思考という、似た思想の構えを備えていた。すなわちイェーガーにおいてはギリシア（中心的な圏域）とその他の文化・文明世界（インド、中国など）、ナチズムにおいてはアーリア人種ないしはインドゲルマン人種（ならびにその後裔であるドイツ人）とそれ以外の人種は、それぞれ質的に異なる存在として捉えられている（これと関連してイェーガーとナチズムは、それぞれヨーロッパの文化面（Jaeger 1925a, S. 104）、ドイツの物質面という相違はあるにせよ、外に依存しない自給自足を重視している）。そしてアーリア・インドゲルマン人とギリシア人の（人種を介した）親縁という「北方人種の神話」が立てられることによって、イェーガーのナチズムへの協調は容易になった。第二に、イェーガーとナチズムは、古代ギリシアのスパルタを共に評価していた。というのもイェーガーは人間性《フマニタス》の一面である「人道・人間愛」に高い価値を置かず、ナチズムはこれを拒否し、他方で両者は、前古典期のスパルタを野蛮で粗削りながらも、生に溢れ豊かであると見なしたからである。かかるスパルタ賛美は、イェーガーとナチズムが共にヴァイマル共和国、共産主義、世界市民主義に批判的に対したこととも、関連付けられる。「第三の」という共通の序数を介して、「第三の人文主義」と第三帝国の親縁が語られた所以である。

イェーガーとナチズムの相違

しかしイェーガーとナチズムは、以下の点について見解を異にした。まずイェーガーは、前古典期の野蛮で粗削りな生き生きとした面が、古代ギリシアの一部であると見なした。これに対してナチズムは、前古典期の同じ面を古代ギリシアの中心、本質であると見なした。かかる相違は、『パイデイア』第一分冊とナチズムの古典古代観を比較することによって、明らかとなる。ナチズムの古典古代観においては前古典期の古代ギリシア、特にスパルタが理想視され、それ以外の小アジアに位置するイオニア、その影響下にあったアテナイなどは、価値的に低いと見なされることが多かった。しかし『パイデイア』第一分冊においては、ナチズムによって対立的に捉えられた様々な要素が、バランスよく叙述されている。すなわちホメロスの英雄叙事詩とそれを揶揄するイオニアの抒情詩、ギリシア本土の剛毅なドーリア（スパルタの異名）とアジア風で優雅なイオニア、スパルタの戦士国家とイオニアに由来した法治国家、スパルタのテュルタイオスとアテナイのソロン、悲劇と喜劇などが、（主にポリスへの政治的な）教育という観点から、固有の意義を踏まえて見事に描かれている。古代ギリシアは、ナチズムが理解したようなドーリア中心の「多様性の乏しい統一」ではなく、（後のヨーロッパの母体となる）「多様性の統一」として捉えられている。スパルタがその象徴となる剛直な前古典期は、混乱したアテナイの現実を乗り越えた古典期へ統合される（イェーガーによれば、彼が理想視したプラトンが描く国家の支配者は「精神化されたスパルタ人のあり方」（Jaeger 1924, S. 100）、すなわち文武両道の理想から生まれるという。スパルタのアテナイへの統合というイェーガーの古代ギリシア観を念頭に置くと、彼が一九三三年の時点でなぜナチズムを馴致できると考えたのか、その理由の一端が理解できると思われる）。こうしてイェーガーとナチズムそれぞれが模範とする内容には、精神・思考あるいは身体・性格のいずれの形成を重視するかなどの点をめぐって、相違が存在した。右で述べたような、イェーガーとナチズムの間に存した見解の相違は、イェーガーのナチズムに対する距離や傍観を考える上で無視できない。

イェーガーはギリシア（・ローマ）古典古代の古典性が信憑性を失う中、「第三の人文主義」の主唱者として、人文主義的な古典語教育・古典研究の制度的な維持に関心を寄せた。彼はこの目的のために古いメディアを活用し、新しいメディアを立ち上げ、「ドイツ古典文献学者協会」を結成し、教育と学問、学校と大学のディスクルスの架橋に成功した。同協会においては「パイデイア」が新たな古典性として提案され、イェーガーの主著『パイデイア』がこれを描いた（こうした彼の一連の活動は、キリスト教における教会の形成、聖書という聖典の制定との類似を思わせる。「ドイツ古典文献学者協会」は、キリスト教会と比べれば緩い形であったものの、人文主義者の結集を目指した。聖書は旧約、新約の二部からなり、神の摂理が世界や歴史を貫くのを描いている。これと似て、『パイデイア』は前古典期、古典期からなる古代ギリシアを教育・教養・文化《パイデイア》が貫く様子を描いている）。さらにイェーガーは従来の「美的で文学的で非政治的な教養」に代わって、「政治的な人間の教育」を標榜した。こうした彼の一連の言行は、彼と同様、古代ギリシアの規範の立ち上げ、現実化に関心を寄せたナチズムと響き合う余地があった。それゆえ彼はナチズムの政権獲得の直後、ナチズムへの協調を試みた。しかしナチズムによる「第三の人文主義」の拒否、両者が評価する古代ギリシアの規範内容の相違などから、イェーガーはナチズムから距離を取り、それを傍観するに至ったと考えられる。

第二章　協調：ハルダー――人間性の擁護から人種主義へ

イェーガーの古典研究が示した多様なあり方から、彼の弟子はどのような点を受け継いでいったのだろうか。本章においては、彼の弟子でナチズムへの協調を示した人文主義者として、リヒャルト・ハルダーを考察する。彼が晩年に著した「ギリシア人の固有性」「ギリシア文化入門」という二つの著作には、その広い学識、深い洞察がいかんなく発揮されている。そういった彼が、なぜ、どのようにしてナチズムとの協調に至ったのだろうか。

論述の順序は、以下のとおりである。第一節においては、ハルダーの出自と経歴について整理する。第二節では、彼の学問上の関心について考察を行う。第三節においては、ハルダーによるナチズムとの関わりの具体的なあり方を検討する。

第一節　出自、経歴

ハルダーは一八九六年、北フリースラントのテーテンビュルに生まれた。ハイデルベルク大学で一九一四年の夏学期、神学を学ぶ。第一次世界大戦に際して当初は看護兵、後に兵士として従軍した。しかし戦場で負傷し、軍務から解かれた。同大戦の終了後、専攻を古典文献学に変え、キール大学で古典文献学の教鞭を執っていたイェーガーに師事した。一九二一年イェーガーがベルリン大学に招聘されるとハルダーもイェーガーの後を追い、一九二二年ベルリン大学へ移った。そして一九二四年イェーガーの下で、博士の学位を取得。一九二七年にはハイデルベルク大学のオットー・レーゲンボーゲン（一八九一―一九六六年）の下で、教授資格を取得した。同年ケーニヒスベルク大学に、古典文献学科の教授として招聘された。ハルダーが学者として幸先の良いスタートを切った背後には、彼の師イェーガーによる支援のあったことが推測されている。翻ってイェーガーにとってハルダーは、最初の弟子であるだけでなく、将来を嘱望するという意味での一番弟子でもあった。

一九三〇年の夏学期、ハルダーはキール大学の古典文献学科の教授となった。一九三九年、同大学から研究休暇を得て、ギリシアにおいて碑文研究に従事した。第二次世界大戦が勃発するとドイツ国防軍に召集され、一九四〇年一〇月まで西部戦線に兵長として従軍する。一九四一年五月ミュンヘン大学へ赴任し、同時に「精神史研究所」での活動を認められた。本研究所は、ナチ政権の世界観政策と密接に関わった「ローゼンベルク機関」との連携下にあった。

第二次世界大戦後の非ナチ化審査においてハルダーはナチズムの「同調者」と見なされ、教職から退いた。ただし出版活動は許されたので、古代ギリシア・ローマなどに関する著作や翻訳に勤しんだ。一九五二年にはミュンスター大学から招聘され、同大学の古典文献学科の教授に就任する。しかし赴任当時から、健康状態は思わしくなかった。一九五七年、彼はスイスのヴァンドゥーヴルで開催された「古典研究を支援するハルト財団」の大会に参加した。この大会からドイツへの帰途、チューリヒにおいて亡くなった。

第二節　学問上の関心

本節においては、ハルダーがナチ政権の政策と直接的に関わる一九四一年より前の時期を対象として、彼の学問上の関心を検討する。彼の学問上の関心は長らく、師のイェーガーによる「第三の人文主義」の影響下にあった。以下この時期の彼の著作を、ギリシア・ローマの精神史に関わる研究、人文主義的な古典語教育・古典研究の重要性を訴える言行、ナチ政権の成立に直接、触発された文章という三つのグループに分けて、考察してゆく。

ギリシア・ローマの精神史に関わる研究

ハルダーの博士論文『オケルス・ルカヌス――テキストと注釈』（以下『オケルス・ルカヌス』と略）は、ピュタゴラス派の哲学者オケルス・ルカヌス（前六世紀）による「万物の本性について」を考察の対象としている。ハルダーは一五世紀および一六世紀に成立したこの作品の一八の手稿を比較校合し、原典テキストの存在を措定し、原典テキストからの写本の派生関係を整理し、テキストの復元と注釈を行っている。そして「我々にとってある意味でオケルスの本は、前二世紀の逍遥学派《ペリパトス》にピュタゴラス主義の潮流が存在したことを証している」（Harder 1926, S. 153）と結論する。『オケルス・ルカヌス』は、ハルダーが「ヘレニズム哲学という土壌で信頼のおける本文批評家、校訂家、解釈者であることを示した」（Schadewaldt, S. 74）。

教授資格請求論文「キケロ「スキピオの夢」について」（以下「スキピオの夢について」と略）は前作から精神史的な関心を継承し、「いかにキケロがヘレニズム期の学派伝統に由来する自由に用いられた要素を、プラトンの精神に基づいて新しい統一へと融合できたか」（ebd.）を論じたものである。本論においては、ギリシア精神史のローマへの継受のみならず、「第三の人文主義」の影響、つまり哲学（学問、教養）と政治との架橋という関心が現れている。

「スキピオの夢について」が考察の対象としている「スキピオの夢」は、キケロ『国家論』第六巻からマクロビウス（三八五／三九〇年―四三〇年以降）が別個に伝承した作品である。ハルダーは「スキピオの夢」に関心を抱いた理由として、この作品にキケロの哲学観が窺えるから、という。そして最終章「プラトン主義と政治」において、次のように述べる。

キケロはプラトンの信奉者であると感じており、それによって現実政治との対立的な緊張関係に立っている。執政官の職に出馬するあの奇妙な覚書の中で彼の弟は、キケロがプラトンに帰依する確信は、政治を実践する急務にあって内的な障害である、とついでに語っている。（中略）しかし『国家論』に描かれた国家の計画は、挫折し成功しなかった政治家によるものである。（中略）（スキピオの）夢は、本来の宗教を含んでいない。というのも、この夢はそれほど確信に溢れていないからである。というわけで、半ば宗教的と名付けるべき内面性に育まれたプラトン主義が残る。（中略）しかし実践的な政治家、首尾一貫した思想家がこうした夢を憫笑するにせよ、ギリシア的な精神性とローマ的な国家性を、個人的で分裂してはいるが、影響力のある実り豊かな仕方で結合する志操が、この作品（「スキピオの夢」）の中で生きている。（Harder 1929a, S. 394）

右の引用部の歴史的な背景について補足すると、プラトンは『国家』において理想国家のモデルを描いた。しかしそのモデルを実現する試み、すなわちシチリアの僭主ディオニュシオス二世（前三九六頃―前三三七年以降）への献策は受け入れられなかった。キケロはプラトンに私淑してローマ共和制の末期、執政官その他としてローマ共和制の改革に努めた。しかしその試みはプラトンと同様おおむね失敗し、キケロ自らの理想国家を描く『国家論』、その哲学的なエッセンスとも言える「スキピオの夢」が著作として残った。ここから、右の引用における「現実政治との対立的な緊張」という表現が理解できる。こうしてハルダーは、キケロの「スキピオの夢」をプラトン主義のローマにおける受容という観点から捉え、キケロによる哲学と政治の媒介が中途半端に終わった限界を指摘する。しかし「ギリシア的な精神性とローマ的な国家性を（中略）結合する志操」を「第三の人文主義」の影響下、高く評価している。

「ローマにおける哲学の定着」（一九二九年）も、前作と似た問題圏を扱っている。剛毅を重んじるローマにおいては、伝統的に哲学に対する反感が存在した。にもかかわらずハルダーによれば、ローマのスキピオ・サークルの周辺でギリシアの教養が受容された結果、人間性《フマニタス》はその後、ローマにおいてギリシアの教養を表す言葉になった。その際に人間性《フマニタス》の内容をなした寛恕と雅量は、ローマ人にとって古くから伝承された祖先の徳であったという。小スキピオのようなタイプの男にとって教養と哲学は、政治上の重荷と骨折りに対する望ましい対抗力になった。「キケロの教養人としての内的な繊細さと不安定さは当然、自らの政治的な迫力と行動能力を弱め、麻痺させた。にもかかわらず、彼が全身全霊を挙げて依拠する古代ローマの伝統がゆえに、彼は失敗にもかかわらず繰り返し国家の業務に携わらざるを得なかった」(Harder 1929b, S. 351)。「人間性《フマニタス》への補遺」(一九三四年)においても、ハルダーは(ルードルフ・プファイファー(一八八九—一九七九年)の批判に応えて)ローマにおける人間性《フマニタス》という理念がギリシアに端を発すること、この理念がローマ古来の寛恕《クレメンティア》という徳を活性化したことなどについて、改めて考察を行っている。

ハルダーはすでに一九二〇年代の後半、新プラトン主義の哲学者プロティノス(二〇五—二七〇年)の作品の翻訳を発表していた。一九三〇年からハルダーはプロティノスの作品の校訂と翻訳を本格的に引き受け、これは彼の学者としての最も優れた業績と見なされている。

このようにハルダーによるギリシア・ローマの精神史への関心は、プラトン主義を核としていた。そして彼のプラトン主義に対する関心は、一方ではローマにおける人間性《フマニタス》という理念の確立とその政治的な現実化へ向けた受容、他方ではプロティノスによるその哲学的・精神的な純化へ向けた受容という二つに分岐したと考えられる(ここでハルダーが師のイェーガーとは異なり、人間性を教養のみならず「人道・人間愛」を含めた意味で捉えていることは、重要である)。修業時代のハルダーが腕を磨いた文献解釈の技術は、後に思わぬ場でその助力を要請されることになる。

人文主義的な古典語教育・古典研究の重要性を訴える言行

前章において、イェーガーが人文主義的な古典語教育・古典研究の重要性を訴えるため精力的な活動を行ったことに触れた。彼の弟子ハルダーも大学への就職後、師と同様に、しかし師とは異なりラジオ放送という新たなメディアも通して、活動を繰り広げる。

ハルダーは一九二八年「古代とドイツの民族共同体」と題する文章を、『ケーニヒスベルク一般新聞』に発表している。彼は冒頭で、帝国裁判所長官かつ外務大臣ヴァルター・ジーモンス（一八六一―一九三七年）による同名の演説に触れる。そしてジーモンスが、若者が人文主義と縁遠くなったことを嘆くのに対して、ハルダーは「にもかかわらず冷静に考察するならば、人文主義の見通しは今日、かつてないほど好機に恵まれていると判断して構わない」（Harder 1928）と説く。その理由としてドイツにおいて人文主義は国家の保護を失い内的な堅固さと豊かさを頼りにせざるを得ず、欧米各国で古典復興の機運が熟している点を挙げる。つまり、逆境をチャンスとして捉えるべきことを主張する。

東プロイセン・ラジオで行った講演「生きた現代の力としての古代」（一九三〇年）においてハルダーは、古典教養はキリスト教と同様に生きた力を奪われ、死を宣告されていると警告する。この状況に対して彼は、古代という精神的な宝がドイツ国家、特にプロイセンによって培われてきたことに注意を促す。キールでの公開講演「ギリシアの教養理念」（一九三一年）においてハルダーは、ギリシアの教養が原理的な危機に瀕していると指摘する。その例として教養人や古典への批判、教養への嫌気、文化よりも経済や政治が重視される風潮などを挙げる。彼はこうした趨勢を嘆き悲しむのではなく、これに能動的に立ち向かうべきことを説く。そしてギリシアの教養と現代ドイツ人の絆を強調する。

「古典文献学における研究の問い」（一九三一年）は、人文主義的な古典語教育・古典研究が学校と大学で直面している課題について分析している。ハルダーはこの論文において、学者も教育の問いに携わるべきであると主張する。こうして学問と教育の結び付きに言及することからも、ハルダーが「第三の人文主義」の影響圏内にあったことが確認できる。

以上述べたように彼は、人文主義的な古典語教育・古典研究の制度的な維持に強い関心を抱いていた。

ナチ政権の成立に直接、触発された文章

ヴァイマル共和国の文教政策は、人文主義的な古典語教育・古典研究に深い理解があったとは言い難かった。これに不満を抱いていた人文主義者の多くは、一九三三年のナチ政権の成立を歓迎した。それを表すのは前章で論じたように、新政権が人文主義に理解を示すことへの期待を言行で明らかにしたイェーガーである。ハルダーも、こうした一般的な陶酔状態に巻き込まれた。それを示すのは、彼が一九三三年および三四年に公にした以下の三つの文章である。

第一に、ハルダーはハイデッガーのフライブルク大学学長就任演説「ドイツ大学の自己主張」に対

して好意的な書評を著した。周知のようにこの演説は、ハイデッガーによるナチズムへの賛同表明として受け取られたものである。ハルダーは、ハイデッガーの演説が（ソフィストが理想とした）「演示的」なものではなく、「助言を与える」性格を持つことを称えている（Harder 1933, S. 440）。その際ハイデッガーが古代ギリシアへ回帰することを評価し、プラトン主義と同一視されたギリシアの思想がヨーロッパ、特にドイツとイギリスを動かし強めた時期があったことを特筆している。

第二に、ハルダーがプラトン『クリトン』の翻訳に付した後書が挙げられる。ハルダーはこの後書においてドイツにおける政治的なプラトン像の成長を、「（第一次世界）大戦という偉大な現実と共同体の経験、（中略）ドイツ人が国家と民族を目指す努力」（Harder 1934b, S. 224）に帰している。なぜハルダーが『クリトン』に注目するかというと、「この小対話編におけるほど、プラトンによる国家と民族への結び付きが彫塑的な形態と説得力のある言葉に化したことはないからである」（ebd., S. 225）。後書の最後の注においてハルダーは、「最後に私はここ（『クリトン』の後書）で概略を示した認識が、この（ナチスが政権を獲得した一九三三年という）政治的な年を共に生きたことに負うと、断らせてもらう」（ebd., S. 246）と述べている。

第三に、この『クリトン』後書との関連の下、ハルダーが一九三四年トリーアで開かれた第五八回文献学者会議において行った講演「プラトンとアテナイ」が挙げられる。この講演の冒頭でハルダーは、プラトンとの取り組みがアクチュアルであることを述べる。「後世を政治に関して前向きで豊かにするのは、戦術的に必要な時代状況との戦いというよりも、むしろ政治の世界観的な基礎です。（中略）変わらぬ価値を備えるのは、プラトンの政治的な営みが失敗したことではなく、プラトンがあらゆる政治の必然的な意味として、真の国家、生粋の政治的な人間という永遠の像として、明らかにしたことです」(Harder 1934c, S. 214)。「真のアテナイは「規約」、都市の「協同精神」の中に生き」(ebd., S. 217)、その発露としてハルダーはマラトンの戦いでの勝利を挙げる。「(ペルシア戦争での勝利という) 戦う民族の英雄的な業績は、自らの国制に基づきます。この国制は、自らの人種の統一に基づきます」(ebd., S. 219)。アテナイで実現した「法の平等は、血の平等の必然的な結果であった」(ebd., S. 220) という。

「プラトンとアテナイ」に関して「ハルダーが自らのプラトン解釈に当てはめた(世界観、人種、血といった) 図式は、ギュンターとローゼンベルクによる古代史の短絡的な解釈に他ならなかった。つまりこの講演には、ドイツの大学教授が党政治に対する顧慮から自らの学問の新解釈をいかに試みたか、という初期の例が現れている」(Apel, S. 282) ことが指摘されている。この講演においては人種や血の強調に表れたように、スパルタ的に理解されたアテナイが論じられていた。

以上において検討した三つの作品は、プラトンへの高い評価を伴っている点が共通している。本節では、ハルダーによるギリシア・ローマの精神史に関わる研究がプラトン主義を一つの核としていたこと、ハルダーがヴァイマル共和国下、人文主義的な古典語教育・古典研究の存続に危機感を覚えており、その重要性を訴えるため活発な言行を繰り広げたことを述べた。他方ドイツにおいては一九二〇年代後期から、プラトンの政治観に注目する研究が増えつつあり、これが後にナチズムのイデオロギーと合流した。こうした内外の状況からハルダーが、第三帝国における人文主義的な古典語教育・古典研究の存続を考える際、プラトンに注目したことに不思議はない。その際プラトンは、人間性よりもむしろ人種主義との関連の下に、捉えられるに至ったのであった。

第三節　ナチズムとの関わり

本節においては一九三〇年から四五年にかけてのハルダーとナチズムとの関わりを、主に「精神史研究所」の設置、「精神史研究所」における活動、「白バラ」配布文書の鑑定、という三つに分けて検討してゆく。「精神史研究所」にハルダーが赴任したことは、第二次世界大戦後、彼がナチズムへの協調がゆえに非難される大きな理由となった。

ナチ学生との対立

ハルダーとナチズムとの関わりは、ヴァイマル共和国の末期に遡る。一九三〇年にキールで開かれたバッハ祭において当地のナチ・ドイツ学生連盟は、キール大学教授で左派のプロテスタント神学者オットー・バウムガルテン（一八五八―一九三四年）を公の場で誹謗し罵倒した。ハルダーはキール大学への赴任早々年上の同僚をかばい、『ドイツ一般新聞』に「人倫の野蛮化」と題する記事を掲載したのである。その中で彼はこの騒擾を、学生のモラルの低下を示す由々しき事態として批判した。ハルダーは「礼儀正しいドイツ人は皆、こうした（ナチ・ドイツ学生連盟の学生による）行いを非難しなければならない。世論は差し迫る野蛮化を、エネルギッシュな全員一致の「止めよ」によってのみ防ぐことができる」(Harder 1930) と説いたのである。こうした野蛮化を諫める点には、人間性を重んじ、人間を獣に近い存在から神に近い存在へ教化すべきことを説いた人文主義者の面目が躍如としている。

右の記事が掲載されて以来、ハルダーはナチスから敵と見なされた。一九三三年のナチ政権の成立後、「職業官吏再雇用法」が施行され、キール大学の自由学生連盟は、ユダヤ系および彼らが反ナチと見なした二八名の教員の解雇を大学に要求した。この二八名の中に、ハルダーの名前も含まれていた。しかし前節で触れた、ナチ政権の成立に伴う変わり身の早さが評価されたためか、ハルダーは解雇を免れた。彼はその後しばらくプロティノスの研究に打ち込み、時事的な文章の発表をおおむね控えるに至る。のみならず一九三四年にはナチ突撃隊、一九三七年にはナチ党、一九三八年にはナチ教員連盟に加入している。しかし他方で彼は一九二六年から三七年にかけて『グノーモーン』の編集責任者（一九三八年から四四年までは一編集者）として、学問研究の中立性を保つことに努めた。すなわち彼は人種的あるいは政治的な理由で亡命を余儀なくされた（ユダヤ系の）ドイツ人にも同誌に書評を書く場を開き、同誌の名声が国際的にも高まることに貢献したのである。

「精神史研究所」の設置

次に、「精神史研究所」を設置する経緯へ移りたい。

一九世紀以降、比較言語学、歴史言語学の研究の進展によって、ヨーロッパ、西アジアの様々な言語が共通のインドゲルマン祖語から派生したことが、認められつつあった。他方ドーリア人が前一二

○○年頃から前一一○○年頃にかけて北方からギリシア本土へ移住したことが、すでに知られていた。「言語の直接的な由来は、人種的な由来を、前者に劣らず明白かつ明晰に推測させた」（Chapoutot, S. 36）だけではない。こうした推測が「ドーリア人の移住」と結び付けられた。すなわち（東方のオリエントに代わって人類の揺籃の地とされた）北方の、戦闘的で創造的なアーリア（インドゲルマン）人が南下し、古代ギリシア・ローマを初めとする人類の高い文化を生み出したという。彼らの文化は、インド、イラン、ペルシアなどにも及んだとされた。しかし彼らの文化を阻む敵対勢力が存在し、それを代表するのが（インドゲルマン語族と異なるセム語族に属する）ユダヤ人であるという。これを先駆けて唱えたのは、ヒューストン・ステュアート・チェンバレン（一八五五―一九二七年）である。彼の思想は、ヒトラーに影響を与えた。かかる「北方人種の神話」、つまり「インドゲルマンのあらゆる文化が北方に由来することは、もはや仮説の領域に属することなく（第三帝国において）国家ドグマたる位置付けを得た」（ebd., S. 41）。

　第三帝国においては学問政治の新たな推進機関として、「ドイツ古代遺産協会《アーネンエルベ》」と「ローゼンベルク機関」が設けられた。これらの機関は研究所の設立などを通して、ナチ的世界観の学問的な正当化、普及に努めた。「ローゼンベルク機関」の目標は、ナチズムの理念に拠る党大学である「高等学院 Hohe Schule」の創設にあった。それによってローゼンベルクは自らの『二〇世紀の神話』（一九三〇年）に基づいて、聖書（ユダヤ）の伝統をアーリアの伝統によって置き換えることを目指した。「精神史研究所」は、この「高等学院」の外郭機関の一つとして構想された。折しもミュンヘン大学では教会闘争の結果、一九三九年にカトリック神学部の解体が決められていた。そこで空いた教員のポスト、建物、予算を、「精神史研究所」が引き継ぐことが目指された。

ハルダーは、どのような経緯で「精神史研究所」に赴任したのであろうか。第一章で「第三の人文主義」を批判した人物として触れたベルリン大学の政治教育学教授ボイムラーは「高等学院」の責任者でもあり、彼がローゼンベルクにハルダーを紹介した。ハルダー招聘の詳細は実証的に明らかではない。しかし彼がナチ党の政権獲得後ナチズムへの賛同を明らかにしたこと、ナチ関係の機関に加入したこと、プラトン主義を（キリスト教神学に収斂する方向ではなく）ギリシア的に純化する方向で思索を深め名声を得ていたこと、人文主義者にしては珍しくスポーツに関心を抱いていた[1]（Harder 1936）ことなどから、ローゼンベルクの関心を惹いたことが考えられる。またハルダーを「精神史研究所」へ招聘することには、ナチスに脅威に映っていた「第三の人文主義」陣営の切り崩しという側面があったことも、看過できない。

翻ってハルダーの側から「精神史研究所」への招聘は、どのように映ったのであろうか。前節において、彼がヴァイマル共和国における人文主義的な古典語教育・古典研究の存続へ向けて尽力したことを述べた。第三帝国の新体制下でも人文主義的な古典語教育・古典研究は、人文主義者の期待にもかかわらず安泰というわけではなかった。こういった中で（『グノーモーン』の責任編集に携わるなど）組織運営の才能を認められ、学校と大学における学制改革、学問組織に関心を寄せていたハルダーが、「精神史研究所」の仕事に関心を抱いたとしても不思議はない。彼自身は後年、次のように振り返っている。「精神史研究所は、古代学にとってチャンスを意味した。この可能性を一面的に縛られ、偏見に捉われた人々（ナチス）の手によって台無しにさせるのではなく、研究活動のため役立たせることには、意味があった。少なくともこの場で、精神科学の苦境に対して何かを企てる見込みが提供されていた。こうした意味で私は（精神史）研究所の指導を引き受け、仕事を行った」（Schott, S. 463）。

「精神史研究所」をミュンヘン大学の内部に設立する案は、同大学哲学部の頑強な反対に遭い、実現しなかった。そこで一九四一年六月にハルダーはミュンヘン大学哲学部へ古典文献学者として正式に赴任し、補足的に「精神史研究所」で共同研究を行うことが許された。しかし彼の仕事の中心は、「精神史研究所」での研究にあった。ミュンヘン大学、ナチ党、省庁の間の混乱から、彼のミュンヘン大学での身分は最後まではっきりしなかったことが指摘されている（ebd., S. 431）。

ローゼンベルクは一九四〇年三月の覚書において、「精神史研究所」の目的は「アーリア人の精神的なあり方の全財産を、オリエントとヨーロッパの歴史の記録から我がものにする点にある。（中略）その作業の結果は（国家社会主義ドイツ労働者＝ナチ）党、特に教育のため積極的に活かすことができなければならない」（Losemann 1977, S. 143）とした。ハルダーはこの覚書を踏まえ、「高等学院」の探究課題の要約として自らの非公式の覚書を一九四〇年四月頃に執筆し、同年一〇月に提出した。この覚書によれば、「精神史研究所」の活動分野は以下の三点からなるとされた。

第一に、「アーリア精神史の活動分野は、インドゲルマンの核心とそのアーリア的な実質を常に顧慮して動員され内的に結合された、個々の民族の精神史である」（Schott, S. 427）とされた。その際ハルダーは、どの民族も人種的に純粋ではないことを認めた。しかし「原インドゲルマン民族の根源における人種的な統一と純粋性を措定し（中略）、移動時代におけるインドゲルマン部族の、その都

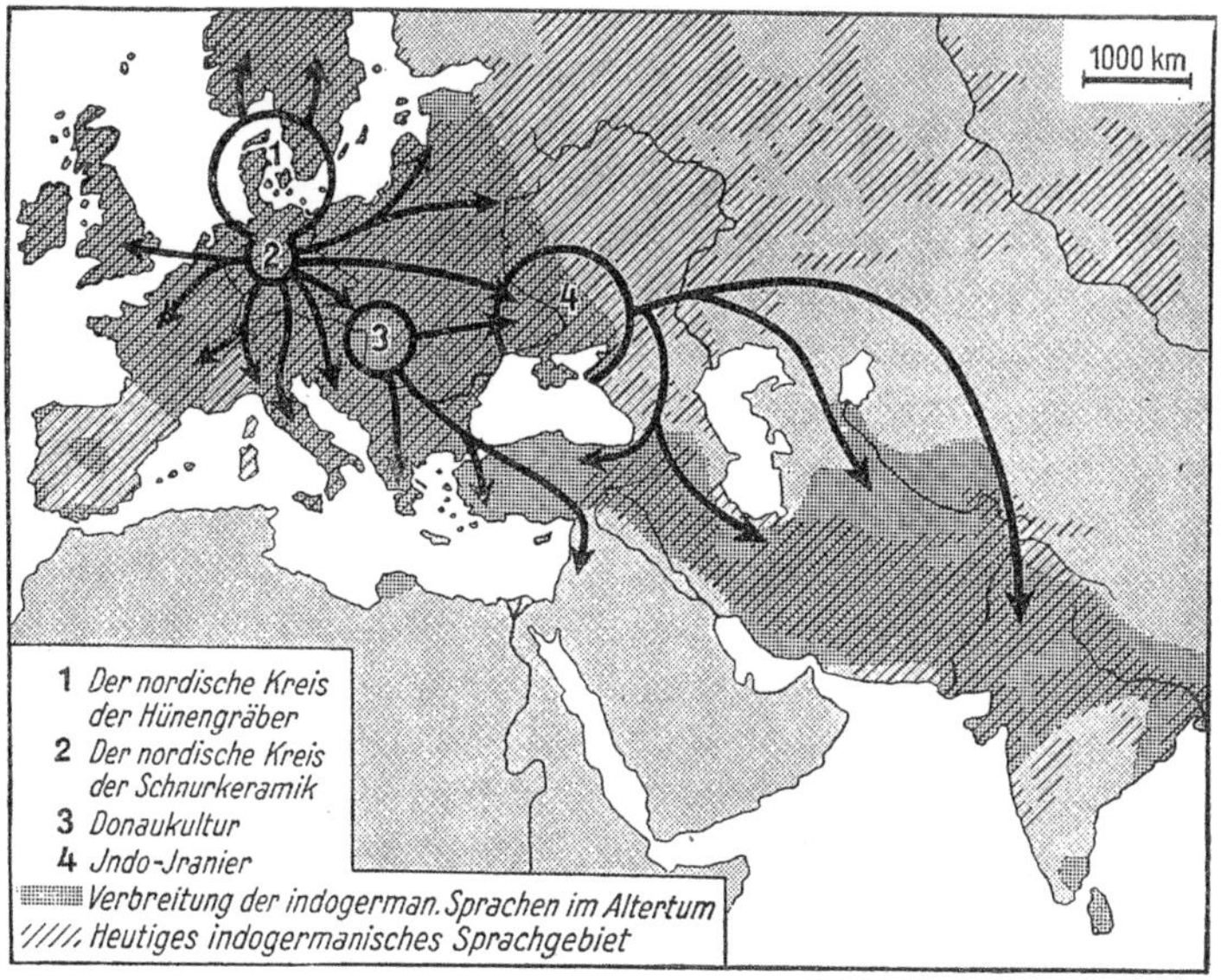

第三帝国下の歴史教科書に記された「インドゲルマン人による領土の獲得」（Gehl 1940, S.12）

度、眼前に見出された先住民族との対決」（ebd.）を調査すべきとした。第二に、「インドゲルマンの偉大さを特に証しする業績、すなわち政治的な共同体の形成、競争的なスポーツ、表音文字、偉大な英雄叙事詩、悲劇の舞台、記念碑的な建築や彫刻品、歴史記述、哲学、学問、アーリアの宗教および法を明らかにすること」（ebd., S. 427f.）である（これは『パイデイア』第一分冊の内容と、かなり重なっている）。第三に、非インドゲルマンの外部世界との対決に際して「幾つかの範例的な場合、最終的に民族性と文化の破壊を招いた侵入と外国人人口の過剰の生物学的な過程」（ebd., S. 428）を究明する点にあるとされた。

以上の三点から、第二の点はおおむ

ね伝統的な古典研究の枠内にある。しかし第一の点と第三の点で構想された精神史が人種史に依存していることは、明らかである。[2]

「精神史研究所」における活動

以上で触れたハルダーの覚書に基づいて、「精神史研究所」の活動が始まった。その内容は、以下の四つに分けることができる。

第一に、ギリシアにおける実地調査が挙げられる。一九四一年ドイツ国防軍がギリシアを占領した後、「ローゼンベルク機関」に「ギリシア古代学の特別部隊」が結成された。この部隊の成員としてハルダー、古代史家のジークフリート・ラウファー（一九一一―八六年）、考古学者のオットー・ヴィルヘルム・フォン・ヴァカーノ（一九一〇―九七年）がギリシアへ派遣された。ヴァカーノは、ナチスの後継者養成学校の一つであるアドルフ・ヒトラー学校で教鞭を執っていた。エヴィア島にあるハルキスとスパルタ近郊において、「入植史と関連した地形測量、考古学、碑文学の仕事による古代ギリシアの学問的な探究」（Losemann 1977, S. 157）が行われた。スパルタ近郊の発掘調査は、北方人種がギリシアへ侵入した過程、先住民族との関わりを明らかにすることを目的とした。発掘と研究の結果ヴァカーノは次のような、「北方人種の神話」を裏付ける見解に達している。「（初期銅器文化の本来の担い手はドナウ地方出身の、研磨された黒色の陶器を携えてギリシアへ流入した住民集団であった）にもかかわらず、初期銅器文化をすでにインドゲルマン文化と名付けて構わないだろう。というのも、今日においてそもそも言明が可能な限りで、こうした文化を解体し、政治的ではないにせよ精神的に基礎付けたのは、インドゲルマン的・北方的な力だからである」(Vacano, S. 356)。ハルダーはハルキスにおける約三ヵ月にわたる実地調査を担当し、それは初期ギリシアの歴史を知る上で重要な一歩とされた。その成果は、『ハルキスのカルポクラテスとメンフィスによるイシスの宣伝』として刊行された。以上は前に触れたハルダーの覚書から、主に第一の活動分野と関わる活動であった。

第二に、ギリシアの文字に関する研究が行われた。ハルキスの実地調査で得られた碑文学上の知見などは、ハルダーが一九四〇年代に著したギリシアの文字に関する論文（「ギリシアの書き言葉性への注釈」（一九四二年）、「ギリシア人の下での文字の会得」（同上）、「ロッテ文字」[3]（一九四三年））の執筆に活かされた。これは前に触れたハルダーの覚書から第二の活動分野と関わり、純粋に学問的な業績と見なされている。

第三に、「精神史研究所」紀要の刊行が挙げられる（第四号まで）。この紀要は、関係者に送付された。ハルダーはドイツ敗戦の直前の一九四五年四月「テュルタイオスの歴史的な位置付け」を、同紀要の最終号に寄稿している。本論文はスパルタの愛国詩人テュルタイオスの「エレゲイアー」をギリシアの精神史に位置付けることを目的とし、緻密な分析を行っている。当時このテーマを取り上げたこと自体に、彼の政治的な態度が反映していたとも言える（テュルタイオスは、ハルダーの師イェーガーも評価し、第二次メッセニア戦争に際して詠ったスパルタ市民に「祖国に殉ずる死」を促す詩は、ナチスの関係者に好んで引用された。第II部第一章（一二二―一二三頁）参照）。

第四に、図書の購入、スライド保存貸与機関の設立、後継研究者の支援が挙げられる。

このようにハルダーが一九四〇年の覚書において構想した「精神史研究所」の三つの活動分野か

ら、実施されたのはごく僅かであった（彼によれば「精神史研究所」は、第二次世界大戦の終了後に本格的な活動を開始する予定であった）。しかもそのかなりの部分は、伝統的な古典研究の延長に位置付けられるものであった。にもかかわらずハルダーが第二次世界大戦後の非ナチ化の審査で「同調者」と見なされたことは、彼が一九四二年一一／一二月号の『国家社会主義月報』に「フランツ・ボップとインドゲルマン学」（以下「ボップとインドゲルマン学」と略）という論文を発表した点によるところが大きいと思われる。フォルカー・ローゼマン（一九四二年―）によれば、この論文には「ハルダーによる、インドゲルマン精神史の方法的な基礎付けが、ある意味で表れている」（Losemann 1977, S. 169）。

本論の冒頭でハルダーは、一九世紀ドイツの比較言語学者フランツ・ボップ（一七九一―一八六七年）の研究を顕彰する。ボップは前に述べた、ヨーロッパ、西アジアの様々な言語が共通のインドゲルマン祖語から派生したことを主張した人物に他ならない。ボップ以後インドゲルマン諸語の研究が進み、「最後に次の仮説が立てられた。個別言語の相違は、その都度の非インドゲルマンの下層階級の言語的な働きかけと関連している。いずれにせよ視点は、（ボップの時代と比べて）変化した。根源の再構成は背景へ退き、本来の目標は個別言語の起源からその今日の生に至る歴史的な解釈に置かれた」（Harder 1942, S. 754f.）。そしてハルダーは、様々なインドゲルマン諸語を比較する際の方法的な注意を述べ、言語の歴史的な継続と変化に触れる。

インドゲルマン（諸語）の等置は、継続を意味する。こうした継続はその驚くべき恒常性におい

> て、結局のところ人種の不変性に基づくに違いない。他方で我々は、そもそも個々の民族を性格的に異なる固有のあり方にする、あの深部へ達する変化を持つ。（中略）こうした変化や個々の民族の分離に際して、人種が再び決定的な役割を演じることは疑いない。個々の民族の間の相違とその根本民族からの逸脱は、それらの民族がその都度異なった種類の人種に基づく下層階級の上にいることによって、制限されているに違いない。（ebd., S. 760）

こうしてハルダーはボップを嚆矢とする言語学研究を人種に引き付けて解釈し、「フランツ・ボップの遺産はインドゲルマンの全精神科学に共通の課題となっている」（ebd., S. 761）と結ぶ。前の（七一頁以下の）引用における「先住民族」（七一頁参照）、「外国人」（同上）、（非インドゲルマンの）「下層階級」（七四頁参照）は、ドイツが第二次世界大戦中に自らの生存圏として占領した東部地域の住民と重なった。[4] ローゼマンは「ボップとインドゲルマン学」に関して、「「政治的な学問」への信仰告白は明らかである」（Losemann 1977, S. 173）と評している。

「白バラ」配布文書の鑑定

以上において検討したように、ハルダーはナチズムのイデオロギーに沿う形で「精神史研究所」の活動を計画し、部分的にそれを実行した。したがって彼がナチ関係者の信頼を得たことは、想像に難くない。その結果、学問とは直接関係がない治安上の任務が、ハルダーに課せられた。

一九四二年から四三年にかけて「白バラ」と称するグループがミュンヘンを中心として、ナチ政権を批判しそれへの抵抗を呼びかける文書を、匿名で任意の人に郵送するなどした。秘密国家警察《ゲシュタポ》はこの配布文書を押収し、抵抗運動の背景、参加者を知り、彼らを逮捕することに努めた。そこで、配布文書の執筆者を知るための鑑定が、古典文献学者のハルダーに委ねられた。

以下、「白バラ」配布文書[5]とハルダーの鑑定書を突き合わせ、ハルダーのナチズムに対する関わりを考察する助けとする。鑑定の対象となる六つの配布文書は、ハルダーに二回に分けて渡された（第一回は第五、第六配布文書、第二回は第一から第四の配布文書）。彼はその都度、鑑定書を提出した。[6]

ハルダーは第一の鑑定書の冒頭で、精神科学的な吟味を行うと断っている。そして（第五、第六という）配布文書を「下手くそな作品」（Lill, S. 209）と評しつつも、内容的、文体的に「途方もなく高い水準にある」（ebd.）ことを認めている。引き続き彼は、鑑定結果として八つのテーゼを掲げる。すなわち二つの配布文書は同じ筆者によって(1)、異なる時期に書かれた(2)。その著者はドイツ文学に精通した人、特に精神科学者か神学者であり(3)、ルター訳のドイツ語聖書に馴染んだ人(4)、大学と近しい関係にある人で、大学での勉強を一九三三年頃に始め(5)、ナチズムとその展開に詳しい(6)。（第五、第六という）配布文書は急いで書いたことを推測させる(7)。その著者は外国の状況や議論に精通しておらず、バイエルンを意識している(8)。最後にまとめとして、配布文書は書き物机の産物に過ぎず、著者は世俗に疎い才能ある知識人で、兵士や労働者の広い層からの反響は期待できない、という。

第二の鑑定書は、第一の鑑定書の補強ないしは補足という体裁を取っている。ハルダーによれば、（第一から第四の）配布文書にはキリスト教（の特に神秘主義）の特徴が明らかであるという。配布文書の著者は反体制派を糾合し受動的抵抗を行おうとするが、それが喫緊の戦争協力といかに折り合うのか、答えていない。そこからハルダーは、第一の鑑定書と同様、配布文書の著者の世俗への疎さ、完全な無責任を非難する。最後に彼は、配布文書の著者の政治的な伝記を再構成する。

　鑑定書は即日提出された。ハルダーが掲げた八つのテーゼのうち、後世から振り返ると2、4、6、7、8の五つが正しく、1、3、5の三つが誤っていた。鑑定に際してハルダーがナチズムの側に立っていることは、明らかである。しかし配布文書の著者の高い知性を認めている点に、彼の学問的な良心を見てよいのかもしれない。鑑定に当たって注目すべきは、ハルダーの古典文献学者としての過去の修業が活かされていることである。すなわち彼が『オケルス・ルカヌス』において行った「万物の本性について」という著作の様々な版を「年代順に確定する試み」(Harder 1926, S. 149)は、配布文書が著された順序を確定する際に反映されている。またハルダーは、「スキピオの夢について」において言及した「史料批判的な再構成を史料の作者の全体的な評価と分けて考える」(Harder 1929a, S. 355) 手法を、「白バラ」配布文書の鑑定の際に応用している。

「白バラ」配布文書に記されていることで、鑑定書の中で言及していないものの、ハルダーが鑑定の前後に記した著作と関わる点があった。

　今日の研究では、「白バラ」の思想圏がキリスト教のみならず人文主義の伝統に負うことが明らかにされている[7](Onken)。しかしハルダーは人文主義者の周辺に配布文書作成の嫌疑がかかるのを避けるためか、これらのことに全く言及していない。また第二配布文書においては、ドイツ人が自らの犯罪に目をつぶっていることが「彼らが自らの最も原初的な人間の感情において「野蛮になった

verroht」」(Lill, S. 197) 証とされている。これに先んじてハルダーは一九三〇年、ナチ・ドイツ学生連盟の学生を同様の「野蛮 Verrohung」がゆえに批判していた (Harder 1930)。さらに第四配布文書においては、「おそらく合理的な手段でナチズムのテロ国家に対して戦わなければならないだろう」(Lill., S. 202) と記されている。ハルダーは第二次世界大戦後に記した「自己弁明」の中で、自らが「(ナチズムとの) 共同作業によって事態を理性的な道へ導こうとする期待」(Schott, S. 495) を抱いた、と述べている。こうしたナチスの野蛮性の指摘、彼らを理性によって馴致する期待に関して、彼は (かつての) 自分と似たものを「白バラ」配布文書の中に見出したと思われる。

不法国家と人種主義

しかしそれにもまして「白バラ」配布文書に記された以下の点は、ハルダーに対する大きな問いかけになったと思われる。第三配布文書は「国家は神的な秩序の類比でなければならない」(Lill., S. 199) と説き、第三帝国が不法国家であることを弾劾した。ハルダーは『クリトン』後書において、「国家の不当な掟に立ち向かうのは、ある状態においては正義、いや義務ではないのか?」(Harder 1934b, S. 238) という、「白バラ」が抱いたのと同様の問いを掲げていた。しかし国家の暴力と法を区別し、後者を絶対視したハルダーは、ソクラテスの言行を借りてこの問いに否定的な答えを与えていた。[8] 第二配布文書は「ドイツのポーランド侵略以後、当地で三〇万人のユダヤ人が野獣のような扱いを受けて殺害された」(Lill., S. 196f.) ことを、「人間の尊厳に対する最も恐るべき犯罪」(ebd., S. 197) として告発した。ハルダーは古代ローマの人間性《フマニタス》を評価していた。[9] もちろん彼は、この箇所に鑑定書では言及していない。

「人間の尊厳に対する最も恐るべき犯罪」は、人種主義に基づいて行われた。ハルダーは自らの（言語学研究、古典研究を人種主義と結び付ける）インドゲルマン精神史の構想と第三帝国の侵略政策、反ユダヤ主義との関連を、どの程度、自覚していたのだろうか。これに関して、彼自身の直接的な証言は残されていない。ナチ幹部を養成する民族共同体教育施設《ナポラ》の一生徒は、第二次世界大戦後、次のように振り返っている。「シュパンダウ（の民族共同体教育施設《ナポラ》）でメンデル（一八二二―八四年）の法則に取り憑かれた我々の生物学の教師がアーリア人種とディナール人種[10]の頭蓋骨の形態について語った時、誰一人として、それが人種的な大量虐殺に至るかもしれないこと、その過ちについてよく考えた人はいませんでした」（Wechmar, S. 35）。これと似てハルダーも、インドゲルマン精神史の構想と第三帝国の侵略政策、反ユダヤ主義との関連に軽率だったのだろうか。権力者の気に入る言葉を使うリップサービスで、面従腹背（古典研究、学問性の維持）が貫けると思ったのか。しかしハルダーがインドゲルマン精神史の構想を通して、自覚的にナチズムとの協調に至ったことも考えられる。彼は、以下のようなヨーロッパの一学問観の体現者であったかもしれないからである。

> ヨーロッパがヨーロッパであるために、かれ（ヨーロッパ）は東洋へ侵入しなければならなかった。（中略）かれ（ヨーロッパ）は歴史を変えることによって、抽象に内容を与えてゆく。抽象は思惟の冒険ではあるが、デタラメではない。科学の仮説のようなもので、実験で確かめられるならば、それは真理だ。むしろ、確かめられる予想があるから、そのような冒険がうまれるのだと

いったほうがいいかもしれない。（中略）（ヨーロッパでは、概念という）駒が進むだけでなく、駒を動かしている盤そのものが、駒が進むにつれて進むように見える。（竹内、一四—二三頁）

人種理論という新たなパラダイムと思われた「科学」は、仮説であるにもかかわらず国家ドグマとされ、（第三帝国の侵略という）実践と不可分であった。ハルダーは一九四七年に記した「精神史研究所」の覚書に関する反省において、ボップの言語学研究の人種主義への応用は「一種の実験的な事例」（Schott, S. 462）であった、と記している。

ハルダーが人種主義と自覚的ないしは非自覚的に関わったのか、という問いについては、第Ⅲ部の第二章において再び考察する。いずれにせよハルダーは「白バラ」配布文書の中に、自らに似たもの、にもかかわらず目前の第三帝国に自らと対照的な態度を取っているもの、自らの過去の言行の変節を咎めるものを見出したと思われる。こうしたことから鑑定書の中の、「白バラ」配布文書が「書き物机の産物」でその著者が「世俗に疎い」とする（Lill, S. 211f.）、自己嫌悪の投影[11]とも言える評が説明できるのかもしれない。古典教養は「白バラ」のメンバーにおいては反体制、一九四三年のハルダーにおいては体制維持の方向へ働いたと言える。

ハルダーの鑑定書は、「白バラ」に加わった人々への（死刑）判決に影響を与えなかった。彼は生前、非ナチ化の手続きの中で「白バラ」配布文書の鑑定書を記したことに触れなかった。

本節においてはハルダーとナチズムとの関わりについて、主に「精神史研究所」の設置、「精神史研究所」における活動、「白バラ」配布文書の鑑定という観点から検討を行った。ハルダーは「精神史研究所」設立の中に、周縁化の危機に瀕していた古典研究が制度的に存続するチャンスを読み取った。しかしインドゲルマン精神史の構想それ自体が、第三帝国の国家教説と密接に関連していた。「実際に起きたように見えたインドゲルマン人の侵略は、常に現在における侵略の欲望の正当化あるいはモデルでもあった。インドゲルマン人がヨーロッパあるいはアジアを征服したかにかかわらず、彼らは征服者で支配人種、支配者的な人種であった。インドゲルマン人の進軍は、北方人種の最初の侵略と見なされた。（中略）（北方人種の）第六の侵略は、ヒトラーの戦争と見なされた」（Römer, S. 83）。ハルダーが「スキピオの夢について」においてキケロの中に見出していた「現実政治との対立的な緊張関係」は、彼とナチズムとの関わりにおいて希薄になっていったと思われる。彼が「精神史研究所」の活動に際して学問性と独立性の確保に尽力したと彼および彼の同僚が後に主張し（Wolff）、それに首肯し得る面があるにせよ。

ハルダーは若い時期からその研究能力を高く評価され、イェーガーの弟子として「第三の人文主義」の圏内にあった。そして教育と学問、教育・学問と国家・政治の架橋に努め、師のイェーガーを側面援助した。ハルダーは、ローマにおける（「人道・人間愛」も含めた）人間性《フマニタス》に注目しただけではない。ヴァイマル共和国下、「市民の勇気」の発露として人間性の擁護に努め、ナチ学生の粗野な振舞を公にたしなめた。今日から振り返ると、こうした彼の言行には先見の明があったと言える。しかしハルダーは自らの志操を貫くことなく、それを人種主義へ適応させた。そしてナチ体制下における古典研究の維持に尽力し、ナチズムと協調するに至った。「精神史研究所」への赴任と活動、「白バラ」配布文書の鑑定が、これを示している。

第三章　抵抗：フリッツ――「学問・大学の自由」の擁護

第一章、第二章においては、ナチ体制を主に傍観したイェーガー、ナチ体制と主に協調したハルダーという、「第三の人文主義」圏内の人文主義者を検討した。ナチ体制に対する、彼らと異なる対応は、「第三の人文主義」の外から生まれた。本章では、ナチズムへの抵抗を行った例外的な人文主義者として、クルト・フォン・フリッツを考察の対象とする。序において述べたように、彼はヒトラー「総統への忠誠宣誓」に素直に従わず、ロストック大学から罷免された。フリッツは「忠誠宣誓」をめぐって処罰された、ドイツ国内の二人の大学教員の中の一人であった（もう一名は、ボン大学神学部教授のバルトである。彼は「福音派のキリスト者として責任が持てる限りで」（Busch, S. 268）宣誓を行おうとし、同大学から罷免された。ただしバルトは、スイス人であった）。

論述の順序は、以下のとおりである。第一節においては、フリッツの出自と経歴について整理する。第二節では、第二次世界大戦以前の彼の学問上の関心について考察を行う。第三節においては、フリッツによるナチズムとの関わり、それと彼の学問上の関心との関連を検討する。

第一節　出自、経歴

フリッツは一九〇〇年、ロートリンゲンのメッツに生まれた。一九一二年から一四年にかけてベルリンの陸軍幼年学校へ通うものの、健康上の理由で退校する。その後フライブルクの実科ギムナジウムに通い、高校卒業資格を取得した（フリッツは同校において古典語としてラテン語を学んだのみで、古代ギリシア語については独学で学び補足の高校卒業試験を受けた）。第一次世界大戦に短期間従軍した後、戦争が終わると、フライブルク大学において古典文献学、数学、哲学、アラビア学の研究を始めた。古典研究の泰斗であったエドゥアルト・シュヴァルツ（一八五八—一九四〇年）によるトゥキュディデスに関する講義に感銘を受け、シュヴァルツがミュンヘン大学へ赴任するに及びフリッツもミュンヘン大学へ移った。一九二三年シュヴァルツの下、博士の学位を取得。一九二七年には同じくシュヴァルツの指導の下、教授資格を取得した。

一九三一年、ハンブルク大学古典文献学科の助手となった。同大学においては、同時期に赴任した同学科の教授スネルとも親しく交わる。一九三三年にロストック大学古典文献学科の正規の員外教授へ招聘されるが、三五年には先に述べたように、免職処分に遭った。

フリッツは、ドイツ内外の大学へ再就職する途を模索する。その結果一九三六年イギリスのオックスフォード大学内のコーパス・クリスティ・カレッジに一時的な職を得た。そこでの契約が切れた後、フリッツはアメリカ合衆国オレゴン州にあるリード・カレッジにおいて、同年から客員教授として教鞭を執った。一九三七年にはコロンビア大学の客員教授として招聘され、翌年正教授となった。

第二次世界大戦後の一九五四年、フリッツはベルリン自由大学古典文献学科の教授となる。一九五八年にはミュンヘン大学古典文献学科の教授に就任し、六八年まで教鞭を執った。一九八五年、ミュンヘン近郊で亡くなっている。

第二節　学問上の関心

フリッツの学問上の関心は、多岐にわたった。以下、第二次世界大戦の終了に至るまでのフリッツの研究から、彼の学問上の関心をまとめてゆく。その際ドイツ滞在時の著作・講義と、イギリス、アメリカ合衆国滞在時の著作という二つに分け、主として著書と論文を対象として整理する。

ドイツ滞在時の著作・講義

この時期（一九二六―三五年）に表れたフリッツの学問上の関心は、主に以下の五つのグループに分けて考えることができる。

第一に、ソクラテスやプラトンの周辺の人物に関する研究が挙げられる。フリッツの処女作は、博士論文『シノペのディオゲネスの生と哲学に関する資料研究』である。シノペのディオゲネス（前四一三頃―前三二三年頃）はソクラテスの孫弟子に当たる古代ギリシアの犬儒学派の哲学者であり、世間の常識や権威を軽んじる数々の奇行で知られた。フリッツはこの著作においてシノペのディオゲネスに関する錯綜した伝承を、四つの軸に定位して整理している。同書の刊行後、フリッツが発表した「クニドスのエウドクソスによるイデア論と、そのプラトンのイデア論への関係」（一九二六年）、「アンティステネスの認識論と論理学」（一九二七年）、「クセノポン作『ソクラテスの弁明』の真作性をめぐる問い」（一九三一年）、「クセノポン作『饗宴』におけるアンティステネスとソクラテス」（一九三五年）は、いずれもソクラテスやプラトンの周辺の人物を対象としている。クセノポン（前四三〇／四二五頃―前三五四年頃）による『ソクラテスの弁明』と『饗宴』は、プラトンによる同名の著作の陰に隠れがちである。しかしクセノポンによるこれらの作品、アンティステネス（前四四五頃―前三六五年頃）やクニドスのエウドクソス（前三九七／三九〇―前三四五／三三八年頃）を考察の対象として取り上げた点に、フリッツによるプラトンからの距離が看取できる（同様のことは、フリッツが思想的にプラトンの対極に立つ唯物論哲学者デモクリトス（前四六〇／四五九―前三七〇年頃）を教授資格請求論文のテーマとしたことからも窺える。フリッツは一九六八年に至るまで、著作においてプラトンのみを主題とすることがなかった）。

第二に、アリストテレス研究が挙げられる。プラトンからの距離は、アリストテレスに対する関心という形でも表れた。フリッツは一九三一年、「アリストテレスのカテゴリー論の起源」を発表している。この論文においてフリッツは、アリストテレスによる「（すでにプラトンのアカデメイアにあった）普遍の存在論的な見解から純粋に論理的な見解への歩み」（Fritz 1931, S. 35）を評価したのである。フリッツはロストック大学において一九三四年の冬学期、論理学の演習でアリストテレス『分析論後書』を取り扱っている。

第三に、論理的なものへの関心は、数学に対する関心という形も取ったと思われる。フリッツは大学で研究を始める前、「哲学者は、一方で数学と自然科学を幾許《いくばく》か理解せざるを得ないことを（中略）確信するに至った」（Fritz 1961/62, S. 2）と記している。「プラトン、テアイテトスと古代の数学」（一九三二年）は、こうした古代ギリシアの数学への関心の嚆矢となる論文である（フリッツは一九三〇年代、古代ギリシア・ローマに関する項目を網羅した『古典的古代学のパウリー百科事典』に、古代ギリシアの数学に関する項目を数多く執筆している）。

第四に、古代ギリシア・ローマの歴史家、国制理論への関心が挙げられる。フリッツは次のように述べている。「私が大学で研究を始めて間もない頃、第一次世界大戦後のドイツの崩壊とそれに続く私の中での内的な混乱は、なぜそういったことが起きたのか、実際に知ろうとする欲望を掻き立てた」（ebd., S. 7）。同大戦とペロポネソス戦争の類比に基づいたシュヴァルツのトゥキュディデス講義が、この関心に一部、応えた。フリッツは一九三二年、「「雄弁術に関する対話」の構築と意図」を発表している。「雄弁術に関する対話」は、ローマの歴史家タキトゥス（五八―一二〇年）の著作である。フリッツはロストック大学において一九三四年の夏学期、ヘロドトス（前四九〇／四八〇頃―前四三〇／四二〇年頃）に関する講義を開いている。フリッツによる古代ギリシア・ローマの歴史家への関心は、当時生まれた国制理論への関心という形も取った。彼はロストック大学において一九三四年の夏学期、全学部の学生を対象として「古代の国制理論」に関する講義を行っている。その内容がどのようなものであったか、記録は残されていない。

第五に、古典研究の方法論や意義に関する著作が挙げられる。フリッツは一九三二年、「古典文献学における新しい解釈方法」について論じている。この論文において彼は、テュヒョー・フォン・ヴィラモーヴィッツ＝メレンドルフ（一八八五―一九一四年）『ソフォクレスの劇作上の技術』（一九一七年）などの著作が、近代的な解釈方法を作品に押し付けるのではなく、無意識のうちに作品の固有性を浮かび上がらせている点を評価している。自らが評価する著作を分析した後、フリッツは古典研究の方法論や意義について次のように述べる。

我々とギリシアのあり方を結び付けるものは、我々の文化が由来する伝統に留まらない。むしろ、ギリシア世界の中にある我々に似たものと我々とは全く異質なものとの両極性の中にこそ、我々にとって実り豊かなもののあることがますます同時に明らかとなった。これこそ自らのあり方をほとんど意識していなかった「新しい方法」において、新しい人文主義におけるよりも明確に表現されたことかもしれない。(Fritz 1932, S. 354)

この引用における「新しい人文主義」とは、イェーガーを中心とした「第三の人文主義」のことである。ドイツにおいては一八世紀後期の新人文主義以来「ギリシアとドイツの親縁性」が語られ、「第三の人文主義」もおおむねこのテーゼに依拠していた（Landfester 1996, S. 218f.）。しかしフリッツはむしろ「ギリシアとドイツの異質性」に注目し、他者としてのギリシアとの取り組みも生産的に働くという。かかる主張は、「第三の人文主義」からの距離と考えられる（フリッツは一九二八年「イェーガーの影響は今やほぼ万能になった」（Obermayer, S. 25）と書簡で記し、イェーガーの脅威を指摘している)。

イギリス、アメリカ合衆国滞在時に発表した著作

この時期（一九三六―四五年）に著された著作に関しても、前に分類したグループに基づいて考察してゆく。

アリストテレス研究については、『アテナイ人の国制』の原本研究である「アテナイ郷土史の著者と解釈学者」（一九四〇年）の検討のみが残されている。古代ギリシアの数学史については、「メタポンティオンのヒッパソスによる無理数の発見」（一九四五年）という論文が著されたのみである。古代ギリシア・ローマの歴史家、国制理論への関心については、ヘロドトス、テオポンポス（前三七八／三七七―前三二七／三〇〇年）、サルスト（前八六―前三五／三四年）に関する論文が著されている。これと関連して、「古代ギリシアにおける保守反動と単独支配の規則」（一九四一年）、「共和制ローマの最終世紀における緊急権力」（一九四二年）が特筆される（後述）。

注目すべきは、亡命以前ドイツでの著作・講義にはなかった新しい関心が、イギリス、アメリカ合衆国滞在時に発表した著作に表れていることである。それは、古代ギリシアにおける言語表現や概念の創造、その普遍的な展開に関する著作である。このグループには、『デモクリトス、プラトン、アリストテレスにおける哲学と言語表現』（一九三八年、以下『哲学と言語表現』と略）などが含まれる。

いずれにしても（第二次世界大戦の終了に至る）イギリス、アメリカ合衆国滞在時におけるフリッツの学問上の関心は、おおむね古代ギリシア・ローマの歴史（家）、国制理論に向けられていた。

以上、ドイツ滞在時の著作・講義、イギリス、アメリカ合衆国滞在時に発表した著作を通覧した。ここでフリッツの研究の多くが（「第三の人文主義」がその乗り越えを目指した）歴史学的－実証的な方法に基づくものであったことに、注意を促しておきたい。

第三節　ナチズムとの関わり

本節においては、まずフリッツによるナチズムとの「忠誠宣誓」をめぐる関わりを検討する（Ｉ）。さらに、これと第二節において検討したフリッツの学問上の関心との関連を考察する（Ⅱ）。

Ｉ　フリッツと「忠誠宣誓」

以下、「忠誠宣誓」をめぐる争いの前、「忠誠宣誓」をめぐる争い、「忠誠宣誓」をめぐる争いの後、という三つの時期に分けて整理してゆく。

「忠誠宣誓」をめぐる争いの前

最初に一九三三年初期のナチ党にまつわる出来事に触れておく。クルト・フォン・シュライヒャー（一八八二―一九三四年）の首相辞任を受けて、一九三三年一月三〇日ヒトラーを首相とする連立政権が成立した。二月二八日にナチ政権は帝国国会議事堂の炎上を口実に「国民と国家を守るための大統領緊急令」を発動し、ヴァイマル共和国において認められていた市民権を廃止した。三月二三日には「授権法」が成立し、ヒトラーの単独支配、独裁制が法的に認められた。

フリッツは、こうした一連の動きを不審の目で眺めていた。それを表すのは、彼が一九三三年二月から三月にかけて姉に宛てた二通の書簡である。これらの書簡から以下、重要と思われる箇所を引用する。

> ヒトラーの帝国宰相としてのあり方について言うと、僕はとても懐疑的だ。（中略）つまり彼は、自分が実現したいことについて、何ら確固たる考えを持っていない。（中略）いずれにせよ大学を取り巻く状況は悪くなるだろう。（中略）僕は公の場で政治的に目立って活動することなく、いかなる政党にも属さなかった。しかし私の場ではナチスへの反感を隠さず、政治的な抑圧に対して学問の自由を守る集会にも何度か参加した。（Fritz 1933a, S. 1-3）

ここでフリッツは、非政治的であったにもかかわらずナチスには反感を抱いたと述べ、（特に大学における）事態の悪化、すなわち学問の自由への抑圧を懸念している。

（ナチ党の）新政権が持ちこたえるとしても、それを諸手を挙げて歓迎するわけにはゆかない。なぜなら僕は、任期を設けない独裁政権は、あらゆる統治形式の中で最終的には最悪の統治形式になると思っているから。（中略）なぜなら独裁者の下では低級な才能の持ち主だけが活躍でき、その結果、独裁者の死後、国家を完全に統治できる人がいなくなるから。（中略）歴史上、任期を設けない独裁制が遅くとも二世代後、僭主制や混沌に堕落しなかった例はない。というわけで僕は、強い男を求める叫び声をいつも軽蔑した。こういった叫び声は、自分で考え自分で行動しなければならないことを怠り、卑怯であることからのみ生まれる。実際に、（公の、あるいは隠れた貴族によって何らかの仕方で操られた―原注）民主制は、それがたとえ悪く機能しても、長期的には独裁制よりも多くの力と内的な支えを持つに至る。その例はイギリスだ。（Fritz 1933b, S. 1f.)

右の書簡においてはナチ政権の独裁制への警戒が、フリッツによる国制上の洞察と結び付けられている。すなわち彼は（独裁制の前身としての僭主制が成立した）古代ギリシアの史実、イギリスを引き合いに出し、独裁制よりも民主制が優れていると見なしていた。こうしてフリッツがすでに一九三三年の時点、ナチズムの危険を見抜いていたことは、注目に値する。

翻ってナチ当局の側も、フリッツを不審の目で見ていた。それを表すのは、彼のロストック大学への赴任にまつわる折衝である。招聘の主体であるメクレンブルク州は、一九三二年七月以来ナチ党の影響下に入っていた。同州の文部当局はフリッツがロストック大学の哲学部から第一候補として推されたにもかかわらず、第三候補を招聘しようとした[1] (Bernard, S. 76f.)。しかしその後スネルが自ら記した鑑定書によってフリッツの優れた資質を保証したことから、フリッツのロストック大学への招聘実現は事なきを得た。

ナチ党が政権を獲得する前後、ドイツの大学においては学生組合が大学をナチズムの求める方向へ「改革」する有力な推進力となった。ロストック大学も、その例に漏れなかった。同大学の学生組合を率いる学生は、一九三四年七月『ロストック大学新聞』の中で旧弊な学問のあり方を批判した。その際にフリッツは、こうした古い学問のあり方を代表する大学教員として実名こそ挙げられなかったものの糾弾された（Schinke, S. 13）。

右で述べたようなナチ党や学生組合の圧力にもかかわらず、フリッツはロストック大学への赴任後、大学のナチ化に消極的に抵抗する姿勢を取っていた。[2]

「忠誠宣誓」をめぐる争い

ナチズムは元来、伝統的な学問や大学に敵対的であった（Sieg, S. 257f.）。ナチ政権による学問や大学に対する統制は、すでに一九三三年の「職業官吏再雇用法」によって始まっていた。一九三四年八月二日ヒトラーよりも法的に上の地位にあったヒンデンブルク帝国大統領が亡くなった。ナチ政権は、これを学問や大学への統制を強め、自らの基盤を固める格好の機会であると見なした。すなわち、ドイツの（大学教員を含めた）官吏、国防軍の軍人にヒトラー「総統への忠誠宣誓」を課した（ヴァイマル共和国の時期、彼らは赴任に際して共和国憲法に対して忠誠を誓った）。「忠誠宣誓」を義務付ける法律の条文は、以下のとおりであった。「一九三四年八月二〇日、官吏とドイツ国防軍の軍人の宣誓に関する法律（中略）。第二項。公職にある官吏による職務上の宣誓は、次のとおりである。「私

ドイツ国防軍の軍人による「忠誠宣誓」(1934年8月。Bundesarchiv, Bild 102-16107 / Fotograf: Georg Pahl)

は以下のことを誓います。ドイツの帝国と民族の指導者であるアドルフ・ヒトラーに忠実に服従し、法律を遵守し、自らの職務上の義務を良心的に遂行することを。そのように神は私を助けたまえ」」(Reichsgesetzblatt, S. 785)。この宣誓においてはヒトラーという特定の個人への服従が、法の支配と等置されている。

フリッツによれば大学教員や国防軍の将校の間では、この宣誓を果たすべきか否かをめぐって議論が行われた。そして「忠誠宣誓」に応じることを正当化する理屈が考え出された。その一つとしてフリッツは、この宣誓が神への宣誓であり、神の掟と矛盾する事柄を義務付けられない、という意見を紹介している (Fritz 1975, S. 4)。フリッツの後年の回顧によれば、この意見は神学的・哲学的には認めるべきであるが、政治的に誤っていた。なぜなら「国民の精神的な指導層が、ことごとく抵抗なしに宣誓を行うことは、民族の残りが反対派に加わるいかなる勇気をも奪った」(ebd.) からである。フリッツによれば、「忠誠宣誓の神学的・哲学的な解釈を実践的に適用することは、ナチ政権の安定に並外れて強く寄与した」(ebd., S. 5)。しかし「忠誠宣誓」は「明らかな憲法違反であり、全体主義的な独裁制への紛れもない一歩」(Bernard, S. 78) であった。ドイツのほぼ全ての官吏、国防軍の軍人は、「忠誠宣誓」を行った。しかしフリッツは「忠誠宣誓」に素直に応じる代わりに、以下の文面を含む書簡を政府の担当当局へ提出した。

さらに仄聞したところでは、宣誓の意義について議論されているので、宣誓を果たす前に宣誓担当の当局に以下のことを伝えるのが私の義務と考えます。つまり国家元首（ヒトラー）に対して行われた宣誓は私の考えでは、大学教員の義務と矛盾するような義務付けを事柄の本性上、含むことができません。大学教員の義務とは、最善の知識と良心にしたがって真理だけを教える点にあります。私は次のことを確信しています。つまり（「忠誠宣誓」という）法律を布告した際の（ヒトラー）総統と帝国政府の意向に実際、沿うならば、様々な義務が衝突することはあり得ない、と。しかし仄聞したところでは、（国家社会主義ドイツ労働者党の）党員によっても（「忠誠宣誓」について）相矛盾する意見が抱かれているので、宣誓の厳粛さを前にして、この宣誓に応じる前に、宣誓担当の当局は宣誓の意義を確定すべきであると、私は伝えざるを得ません。(Müller, S., S. 69)

この但し書きにおいてフリッツは、「国家元首（ヒトラー）に対して行われた宣誓」が「最善の知識と良心にしたがって真理だけを教える」という大学教員の義務と矛盾する可能性を示唆している。真理という言葉は多義的だが、フリッツはそれを定式化された教説ではなく、永遠の探究の対象として捉えていた。これは、彼が当局の求めに応じて一九三四年一一月に提出した釈明書の中の、以下の一節から明らかである。「しかし大学教員に特定の定式化された教説を無条件に主張せよと要求するとしたら、それは研究者かつ大学教員としての官職の意味において矛盾するでしょう。大学教員は認識を深め続け、それと共にまだ不完全にしか認識されていないものを修正すべく、尽力しなければならないのです」（Goetz, S. 335）。「特定の定式化された教説」の例としてフリッツは、「幾つかの集団によって国家社会主義的であることを要求されているカール大帝（七四七／七四八—八一四年）の歴史的な位置付けに関する教説」（ebd.）を挙げている。第三帝国の時代、カール大帝は「北方的、ゲルマン的な血の担い手」（Krüger, G., S. 100）と見なされ、人種主義的に解釈される場合が多かった。「忠誠宣誓」と大学教員の義務との矛盾とは、ドイツ・ヨーロッパの大学の歴史において「学問の自由」または「大学の自由」の名の下に長らく争われてきたものである。以下その歴史を手短に振り返り、フリッツの言行が生まれた思想史的な文脈を明らかにしたい。

ドイツ・ヨーロッパにおける「学問・大学の自由」

自然科学、人文科学を問わず学者が普遍的な真理を求める自由な探究心と、キリスト教会・国家の権力の間には、せめぎ合いが存在した。キリスト教会・国家の権力の側は、（自分たちの信仰ないしは利害に則り）学問研究に制限を加えることもあれば、これを奨励することもあった。[3]学問研究を制限する場合、宣誓はその一つの手段であった。例えばトリエステ公会議中の一五六四年に発布された大勅書によって、カトリシズム圏の大学で教壇に立つ教員にはカトリック教会に対する宣誓の義務が課せられた。しかしインゴルシュタット大学教授の数学者フィリップ・アピアン（一五三一―八九年）はこれを拒否し、免職処分となった。一九三一年ファシズム政権下のイタリアは、大学教員に忠誠宣誓を強制した。一二名の大学教員がこれを拒否し、罷免されている。

国家による学問研究の奨励は啓蒙主義の影響下、プロテスタンティズム圏のドイツがその発祥や展開の地となった。一七三七年ハノーファー選帝侯領の下に開学したゲッティンゲン大学は自由な研究を謳い、特に批判的な文献学と数学的な自然科学の分野で目覚ましい成果を挙げた。一八一〇年プロイセンでベルリン大学が開学した際、ヴィルヘルム・フォン・フンボルト（一七六七―一八三五年）は、カント『学部の争い』の議論を承けて国家による学問研究への干渉からの自由を説き、これを「研究と教授の自由」の理念の下に述べた。法律的には一八四八年パウルス教会で制定された憲法において初めて、「学問とその教授は自由である」ことが謳われ、ヴァイマル共和国憲法へ受け継がれた。

その後プロイセンにおいても、「学問・大学の自由」を制限する試みが現れた。一八六二年の憲法闘争、[4]一九〇一年の「シュパーン事件」[5]がその例である。しかしいずれの場合も、前者についてはアウグスト・ベーク（一七八五―一八六七年）、後者についてはモムゼンという人文主義者が中心となり、「学問・大学の自由」の擁護に努めた（曽田 二〇〇五、第二部の注一〇六―一〇七頁、本文二九四―二九五頁）。ここで「学問・大学の自由」が政治的なリベラリズムと関連し、ベークやモムゼンといった歴史学的‐実証的な研究の代表者によって擁護された点を銘記する必要がある。

フリッツによる、「忠誠宣誓」が濫用される可能性に言及し「学問・大学の自由」を守る試みには、ここで触れたドイツ・ヨーロッパの大学や人文主義の歴史が背景にあった。かかるフリッツの正統的な学問・大学観は、学生組合が要求した「民族共同体」への奉仕を求める新しいナチ的な学問・大学観への反対命題になっていた。けだしナチ側の教育者クリークは「学問・大学の自由」を排斥し、ドイツの未来の学問の義務を、「我々の民族に課された、歴史を形成するという全体的な課題に、それなりの仕方で自ら固有の手段によって働きかける」（Krieck 1932, S. 164）点に見ていたのである。

事態はフリッツが担当当局に書簡を提出した後、以下のように展開した。当局は彼に書簡の撤回を求めたが、彼はこれに応じなかった。その後、事情聴取に呼び出され、釈明書の提出を命じられた。事情聴取の場でフリッツは「（ヒトラー）総統が過ちを犯すことがあると思うか」と尋ねられ、「私の知るところでは、教皇でさえもドグマの問いにおいてのみ無謬性を要求できます。これを超えて無謬性を要求できると思う人は、最もひどい過ちを犯すに違いありません」（Wegeler, S. 370f.）と答えたという。

フリッツによる一連の弁明は、聞き入れられなかった。前述した書簡を提出してから約四ヵ月間、フリッツは何の妨げもなくロストック大学で講義を続けることができた。しかし、ロストック大学に

「忠誠宣誓」を条件付きで行おうとしている教員がいるという情報が一九三四年の末、メクレンブルク国家地方長官フリードリヒ・ヒルデブラント（一八九八―一九四八年）に達した。そして彼の逆鱗に触れた。その結果、ヒルデブラントは懲戒手続きを開始し、翌年四月にフリッツは「職業官吏再雇用法」に基づいてロストック大学を免職処分となった（免職後半年間は、現役時の三五パーセントの年金受給が認められた）。

「北方人種の神話」や人種主義に代表されるナチズムのドグマやイデオロギーは、一種の仮説であった。それが一部の（特に上昇志向の）学者には魅力に映った一方、一部の学者にはその学問的な信憑性が疑わしかった。かかるドグマやイデオロギーの仮説性が学問的な批判によって暴露されることへの不安が、フリッツの罷免に際して大きな役割を演じたと考えることができるだろう。

「忠誠宣誓」をめぐる争いの後

フリッツの免職処分に対して、彼の周囲からはおおむね同情が寄せられた。スネルなどハンブルク大学でのフリッツの元同僚七名は、それぞれが自らの給料の一〇パーセントをフリッツに寄付した。シュヴァルツを初めとするミュンヘン大学の古典文献学者は文部科学・成人教育省宛に、フリッツの学者としての資質を高く評価する請願書を提出した。しかし、フリッツの罷免を食い止める効果はなかった。当時、彼を支援したハンブルク大学（Lohse 1991, S. 780f., 794-798, 817f.）、ミュンヘン大学（Schreiber, S. 205-213）の人文主義者のグループは、ナチ政権下にあってそれぞれ隠然たる反体制派を形作る。ロストック大学を解雇された後、フリッツは妻の親戚がいるミュンヘンへ移り、研究を続けた。しかしバイエルン州立図書館の使用を間もなく禁じられ、その後ほどなくイギリスのコーパス・クリスティ・カレッジから招聘を受け、国外脱出を決意した。

Ⅱ　フリッツによるナチズムとの関わりと彼の学問上の関心

Ⅰにおいて論じた、フリッツによるナチズムとの関わりは、彼の学問上の関心と、どのように交差していたのだろうか。以下、まずフリッツによるドイツ滞在時の著作・講義が「忠誠宣誓」をめぐる争いとどのように関連したのか、さらに「忠誠宣誓」をめぐる争いがその後のフリッツの学問上の関心にいかに影響したのか、考察を行う。

フリッツのドイツ滞在時における学問上の関心と、「忠誠宣誓」をめぐる争い

彼の博士論文のテーマであるシノペのディオゲネスは、「誘惑されることのない超然たる精神」(Sloterdijk, S. 304) の持ち主であった。これは、「忠誠宣誓」が濫用される可能性に言及したフリッツの姿と重なる。ソクラテスやプラトンの周辺の人物、およびアリストテレスの研究に表れたプラトンからの距離は、ナチズムからの距離としても解釈できる。なぜなら一九二〇年代の後期から三〇年代にかけてのドイツにおいて、後にナチズムへ回収されるプラトンの政治的な解釈が盛んに行われていたからである。これと同様、フリッツの講義「古代の国制理論」に表れた古代ギリシア・ローマの国制理論への関心は、彼のナチズムに対する批判的な姿勢と直接、関連があった。というのも彼は、

「私はナチズムとそのいわゆる「総統」に何ら良きものを予期しなかったので、（ロストック大学へ赴任した）当初から新政権の傲慢に、省庁との業務上の交渉と同様、自らの講義を通して抵抗しようと試みた」（Fritz 1975, S. 1）と後に記しているからである。

フリッツによるアリストテレスや古代ギリシア・ローマの国制理論への関心が、ナチズムに沿うプラトン解釈と緊張関係にあったことは、次の引用からも確かめられる。「一九世紀の研究の伝統に連なると理解された「経験主義者」アリストテレスの倫理と国制理論は、（中略）プラトン哲学との基本的な対立関係において描かれ、「自由主義的な思考の財産」として解釈された。アリストテレスの倫理と国制理論を、ナチ独裁制の「全体主義的な」国家に対する批判の支えとして援用できたことは、きわめて容易に思いつく」（Touloumakos, S. 262）。古典研究の方法論や意義に関してフリッツは「ギリシアとドイツの異質性」に注目し、他者としての古代ギリシアとの取り組みの中にも、古典研究の生産的な意義を認めた。これは「ギリシアとドイツの（北方人種を介した）親縁性」に基づく同時代の古典研究の多くが、ナチズムの正当化に奉仕したのと対照的であった。

こうしてフリッツによるドイツ滞在時における学問上の関心の中には、後の「忠誠宣誓」をめぐる争い、ナチズムの拒否に繋がる契機が含まれていたと言える。

「忠誠宣誓」をめぐる争いと、その後のフリッツの学問上の関心

「忠誠宣誓」をめぐる争いとそれに伴う大学からの解雇、亡命というフリッツの経歴は、彼のその後の学問上の関心に何らかの形で反映したことが考えられる。その二つの例を、古代ギリシア・ローマ

の歴史家、国制理論をめぐる著作から取り上げたい。

「古代ギリシアにおける保守反動と単独支配の規則」（一九四一年）には、執筆当時の時局が影を落としている。フリッツは本論の冒頭において、「最近何十年かの間、民主主義的な政府が（ドイツをはじめ）多くの大国で様々な形式の独裁制によって取って代わられた。こうした事例では多くの場合、反動的な集団によって独裁制の高揚が賛意を得た。それゆえこれと似た問題が広く現れた（古代ギリシアという）時代を検討することは、何かしら興味深いことだろう」（Fritz 1941, p. 229）と記す。そして古代ギリシアにおける（民主制からの）保守反動勢力による単独支配の成立を、思想上の変化と関連付けて論じている。

「共和制ローマの最終世紀における緊急権力」（一九四二年）は、前記論文における独裁制の成立という問題を、共和制ローマの緊急権力（独裁官の任命、機能）に焦点を当てて考察したものである。フリッツはポリュビオス（前二〇〇頃―前一二〇年頃）の混合政体論から説き起こし、「共和制（ローマ）の保護手段を作り出してきた緊急権力が、その幾つかの形態において後に共和制（ローマ）を破壊する手段となったのは、なぜなのか」（Fritz 1942, p. 396）と問う。そして次のように結論する。

ローマの国制が、阻止する力が行為する力よりも上位にある点、上位にある否定的な力という対抗力を意味する緊急時の組織が曖昧である点において深刻な欠点を持っていたことも、正しい。にもかかわらず共和制ローマの没落から学べる教訓は、それが貴族主義的であれ民主主義的であれ全ての共和制、抑制と均衡のシステムに基づくあらゆる国制に適用できる。（中略）国制によって認められた、通常の抑制を超えるいかなる緊急権力も、政治的な自由を侵害するために濫用され得る。（中略）それゆえ政治的な自由および抑制と均衡からなる国制システムの延命は、とりわけ緊急の行為を妨げる力を国制から授けられた人々の知恵にかかっている。（ibid., pp. 405-406）

右の引用文中の、「国制によって認められた、通常の抑制を超えるいかなる緊急権力も、政治的な自由を侵害するために濫用され得る」事態は、ドイツにおいては一九三三年二月二八日ナチ政権が帝国国会議事堂の炎上を口実に「国民と国家を守るための大統領緊急令」を発動し、ヴァイマル共和国で認められていた市民権を廃止した際、現実となった。こうした同時代の出来事が、論文の執筆に影響したことが考えられる（一九六五年ドイツ連邦共和国政府は、緊急事態に関する基本法改正案を提出した。この時フリッツは前記の論文で得た洞察からか、本改正案に反対する署名に名を連ねている（Bernard, S. 74)）。

イギリス、アメリカ合衆国滞在時に発表されたフリッツの著作の中で、後から振り返るとナチズムとの関連が明らかとなる著作がある。それは、『哲学と言語表現』である。同書の冒頭には、次のようにある。「ヨーロッパの全民族の中でギリシア民族は唯一、哲学的で学問的な言語を全て自分自身の中から、いかなる外国語も借用することなしに創造した。そして文字を通して保たれた伝統がきわめて早く始まったので、ギリシア語の展開が哲学的・学問的な思惟の発端から、その広がりのほぼ全体において展望できることは、特別な幸運である」(Fritz 1938, S. 9)。

興味深いのは、ここでフリッツが関心を寄せた古代ギリシアの哲学的で学問的な言語の自給自足というあり方が、同時代の「第三帝国の言語」の特徴と対照的なことである。周知のようにロマンス文学研究者のヴィクトール・クレンペラー（一八八一―一九六〇年）は、第三帝国の日常における言語のあり方、用法を記録、考察し、それを『第三帝国の言語（LTI）――一文献学者の覚書』（一九四七年）として後に発表した。彼は「第三帝国の言語」の特徴について、次のように述べている。「第三帝国は自らの言語から、自己創造的に表現することがほとんどなかった。ひょっとして、いやそれどころかおそらくただ一つの単語すら、自己創造的に表現することがなかった。ナチ的な言語とは多くの場合、外国に遡る。それ以外の大抵のものはヒトラー以前のドイツ人から借用する」（Klemperer, S. 27）。『哲学と言語表現』は、フリッツが一九三〇年代の初期、ハンブルクとロストックにおいて行った講演が母体となって成立した。知のルーツを古代ギリシアに辿るというフリッツによる純粋に学問的な関心が、ナチ的な言語の使用と対立的な言語のあり方を明らかにしたのは意味深長である。彼が擁護した自由な学問研究は、それを抑圧するナチズムの特徴を、期せずして逆照射したのではなかろうか。

以上「忠誠宣誓」をめぐる争いから第二次世界大戦終了までの時期について、この争いのフリッツによる学問上の関心への反映を、三つの例を手がかりに考察した。そのいずれの例においても問題提起の中には、同時代のドイツにおけるナチ党の政権獲得という出来事との関連が、意識的であるにせよ無意識的であるにせよ、認められた。

フリッツの学問上の関心は主として歴史学的‐実証的な方法に基づき、ソクラテスやプラトンの周辺の人物、アリストテレス、古代ギリシアの数学、古代ギリシア・ローマの歴史家、国制理論、古典研究の方法論や意義と広がりを見せた。フリッツはヒトラーへの「忠誠宣誓」を、「真理の教授が妨げられない限りにおいて」という条件付きで果たそうとした。これは、ドイツ・ヨーロッパにおける（人文主義者を中心とする）「学問・大学の自由」を擁護する伝統に連なるもので、その動機の中には人種主義に対する批判も含まれていた。以上まとめたフリッツの言行には、啓蒙主義者ゴットホルト・エフライム・レッシング（一七二九―八一年）の影が認められることを指摘しておきたい。すなわちレッシングは「無名史の断片」をめぐる論争に現れたように、歴史学的‐実証的な研究への道を開き、（永遠の探究の対象としての）真理に身を捧げた（Lessing, S. 32f.）。ちなみにこのレッシングこそ、（後の人文主義者が依拠した）人間性の思想の先駆者の一人であった。

小括

第I部のまとめとしてイェーガー、ハルダー、フリッツによる学問上の関心、ナチズムへの関わりを互いに関係付け、それを人文主義および時代の流れから展望しておきたい。

「第三の人文主義」の圏内にいたイェーガーとハルダーの主たる関心は、人文主義的な古典語教育・古典研究の制度的な維持にあった。序において、新人文主義者のヴォルフに端を発する歴史学的‐実証的な古典研究が、従来、理想視されていた古典古代の古典性という規範の相対化を促したことを指摘した。ここで相対化されたのは、「美的で文学的で非政治的」とされた古典期の古代ギリシア像である。こうして生じつつあった学問・教育上、文化上の危機、つまり支配的な世界観の真空状態から、ナチズムと「第三の人文主義」は独自の関心に基づいて、規範の樹立ないしは再建を試みた。すなわちナチズムは自らの規範を（第II部で詳しく述べるように）非人間的な前古典期を中心とした古代ギリシア像（特にスパルタ）に基礎付け、「第三の人文主義」は前古典期が人間的な古典期へ統合される古代ギリシア像の立ち上げを図った。「第三の人文主義」がその規範化を図った古代ギリシアの内容は、良く言えば多様、悪く言えば曖昧で、人間性から人種主義へ至る広い範囲を含んだ。それは、『パイデイア』第一分冊、その受容に如実に表れていたとおりである。かかる玉虫色のあり方から、イェーガーが一時期ナチズムへ協調を試みた後、ナチズムから距離を取り傍観へ転じたこと、ハルダーが（「人道・人間愛」としての意味を含む）人間性から人種主義へ、つまり反ナチズムからナチズムの立場へ転向したこと、イェーガー周辺の人物が「人道・人間愛」としての人間性の立場からナチ政権へ抵抗を試みたことが理解できる。

「第三の人文主義」の圏外にいたフリッツと、イェーガーおよびハルダーとの関わりについては、フリッツとスネルの近しい関係に注目することによって考えてみたい。後二者はハンブルク大学における同僚であっただけでなく、共に歴史学的‐実証的な方法を重んじる点で類似していた（スネルは歴史主義を哲学的に基礎付けたヴィルヘルム・ディルタイ（一八三三―一九一一年）から、深い影響を受けていた（Lohse 1997, S. 4, 7)）。スネルは『パイデイア』第一分冊のプログラム性、つまり同書が歴史学的‐実証的な吟味に耐えない点があることを指摘し、フリッツは（ナチズムのドグマに対して）「学問・大学の自由」を擁護した。この二人は、共に「定式化された教説」つまり規範の立ち上げに対して、それが学説であれイデオロギーであれ、批判的であったと考えられる。「第三の人文主義」にとっては、歴史学的‐実証的な研究によるギリシア（・ローマ）古典古代の規範の喪失、それに代わる古代ギリシアの規範の新たな立ち上げが問題であった。これに対してスネルは、「我々が好んでラディカルに見せかける問題、つまり歴史主義は古典主義と原理的な対立関係にあり、歴史的な相対主義が作品（の規範）を破壊するという問題は、理論においてそう見えるほど、実際に恐るべきものには思えない」（Snell 1932, S. 120）と語り、「第三の人文主義」に対して冷めた見方を取っていた。ところで「定式化された教説」の対極にある自由な、真理のみに義務付けられた学問研究は、フリッツとスネルの師シュヴァルツ[1]を経由して、シュヴァルツの師モムゼンの学統[2]を継ぐものであったと考えられる。モムゼンは政治的なリベラリズムを擁護し一市民として同時代の政治に深く関わる一方、学者としては歴史学的‐実証的な古典研究を大成した（曽田 二〇〇五、二五〇―三〇九頁）。こうして「第三の人文主義」が乗り越えを図った歴史学的‐実証的な古典研究の系譜は、完全に否定されたのではない。むしろ「第三の人文主義」やナチズムに対する批判という形を取って、スネルやフリッツの言行の中で、しぶとく息を吹き返してきていたと言える（Rebenich, S. 380）。

人文主義的な古典語教育・古典研究の周縁化という事態を前にして、従来の歴史学的‐実証的な研究から距離を取り、失われつつあった古代ギリシアの規範を立ち上げるか、それとも新たな規範の立ち上げに向かわず従来の歴史学的‐実証的な研究を墨守し、自らの学問上の新たな規範（「第三の人文主義」）あるいは政治上の新たな規範（ナチズム）との衝突に至るか――。ヴァイマル共和国から第三帝国にかけて自らの課題を真摯に受け止めた人文主義者は、このような問題に直面していた。けだしクリークは一九三〇年代の初頭、ドイツの「大学は伝承された、しかし弱くなった人間性という理念と、自己目的である「価値から自由な」学問の間で揺れ動いていた」（Krieck 1932, S. 158f.）と記していた。人文主義は、かかる揺れ動きを体現していたと言える。

補論　古典語教師の往復書簡に見るナチズムへの傍観

第I部で取り上げた三人の古典研究者は、ナチズムに対しておおむね輪郭のはっきりとした対応を取ったと言える。ところで人文主義者の大多数を占めた古典語教師は、ナチズムに対してどのような意見を抱いていたのだろうか。こうした関心に応えるものとして、『ドイツの教養?――二人の学校教師による一九三〇年から一九四四年にかけての往復書簡』（一九八八年）という書物が刊行されている。同書は、マルティン・ハーヴェンシュタイン（一八七一――一九四五年）、オットー・シューマン（一八八八――一九五〇年）という二人の古典語教師の文通を、第三帝国成立の直前から第二次世界大戦の末期に至るまで収録したものである（ハーヴェンシュタインはベルリン、シューマンはフランクフルト・アム・マインの人文主義ギムナジウムにおいて、古典語の教鞭を執っていた）。以下この書物から、ナチズムへの態度を示す彼らの肉声に耳を傾けてみたい。

ナチズムへの期待と留保

シューマンは一九三二年、ヒトラーの運動について、その多くは厭わしいものの、労働者と学生が共に歩んでいることはドイツにおいて画期的である、と評価した。そしてナチズムはドイツ人をひょっとして安寧へ導くかもしれない、という期待を述べている（一九三二年三月二六日。Schumann, S. 52）。さらにヴァイマル共和国を背景として、「我々の発達し過ぎた文明を前にすると、（ナチズムによる）ある程度の原始化は、ひょっとして全く健康なのではないでしょうか？」（ebd.）と問いかける。これは、人文主義者がナチズムへ惹かれた理由の一端を説明している（これと、「序」の冒頭で述べた『ファウスト博士』に関する説明との類似に注意）。これに呼応するかのように、ハーヴェンシュタインはナチ政権成立後の書簡において次のように記す。

ナチズムを信奉する詩人が、文化理解を目的とする学科や（私の意味における――原注）歴史主義から解放してくれるならば、彼らをそれどころか歓迎し、ナチズムがまず疑いなくもたらすであろう野蛮化を、我慢しなければなりません。というのも、政治化は常に野蛮化ですから。（中略）（これに対抗してナチズムの）運動を精神化し、我々にとって神聖な（古代ギリシア・ローマという）特定の価値を救うよう、力を尽くさなければなりません。（一九三三年四月二二日。ebd., S. 58）

これは、イェーガーがナチズムに対して当初行った協調の試みと符合している。

第三帝国のスパルタ化、ナチズムへの懐疑、教養市民への失望

ハーヴェンシュタインは、教育学者ハインリヒ・ヴァインシュトック（一八八九―一九六〇年）の

著書『ポリス——今日のドイツの教養へのギリシアの貢献とドイツ民族国家における高等学校、トゥキュディデスを手がかりに』（以下『ポリス』と略）に触れ、「我々の国家（第三帝国）は、（ヴァインシュトックが同書で理想化した）ペリクレスのアテナイを全く想起させません。それよりもはるかに、はるかに多くスパルタ（中略）を想起させます」（一九三五年四月一六日。Schumann, S. 87）と記す。そして、ナチ政権成立後五年目にして、ハーヴェンシュタインは同政権の正体を見抜き、それに関する不満を漏らし始める。

私の最も気に入らないこと、私をしばしば立腹させ苦しめるのは、（ナチ政権による）反ユダヤ主義的な人種への迷信に次いでナチスの人事政策、（ナチスが収めた）真の成果についての自画自賛は言うまでもありませんが、（特に大学での——原注）躾ができていない無教養な若者の野放図さ、真理の抑圧です。（中略）私が最も嫌気を覚えることに触れるのを、危うく忘れるところでした。つまりヒトラーがきわめて深く軽蔑し、自らの本で口汚く罵った「市民階級」や「教養階級」の大部分が、今ではヒトラーの前に這いつくばっていることです。これを見ると、本当に気分が悪くなりかねません。（一九三七年五月二九日。ebd., S. 118）

第二次世界大戦の勃発後、シューマンはナチ政権による学制改革の影響に触れ、次のように記している。

> （高等学校や大学の）代わりに、一方で（ナチスのエリート養成のための）民族共同体教育施設《ナポラ》やアドルフ・ヒトラー学校が、他方で専門大学が登場するでしょう。「即戦力」と「厳しさ」が唯一の教育理想、実践に役立つことが唯一の教養理想になるでしょう。兵士と技術者の民族が生まれるでしょう。（中略）それは、（シラー（一七五九―一八〇五年）の戯曲『群盗』の主人公）カール・モーアの言葉を借りれば、「スパルタが女子修道院であった」ような国家です。アテナイから生まれるものが占める余地は、そこには全くありません。（一九四〇年一二月二日。ebd., S. 127）

二人の古典語教師は、ヒトラーのことを一九四二年の半ば頃から、古代ギリシア語またはラテン語の強意代名詞の最上級形（「度を越した自己中心」ほどの意味か）という隠語を用いて、批判し始める(ebd., S. 153, 201, 204, 214)。これは、郵便の検閲を意識してのことであろう。

戦局の逼迫、キリスト者の評価

シューマンは戦時体制下、学校で教える内容が制限されていることを嘆く。

> ところで私はホラティウス（前六五―前八年）を大部分、不当な仕方で扱っています。つまり法文に基づいて、「ローマ人の頌歌《しょうか》」（ホラティウス『頌歌』第三巻の最初の六つの頌歌。「祖国のために死ぬことは甘く、名誉である」という節を含む）だけ論じることが許されているのです。この「ローマ人の頌歌」だけが、模範文集に載っています。それが祖国愛、「即戦力」の類を説教する

からです。他の全ての事柄は、近代のスパルタ（第三帝国）においては戯言です。（一九四三年一月二五日。Schumann, S. 185）

シューマンは時流に抗して立つ一部のキリスト者を評価する一方、教養市民層の腑甲斐なさを責めるに至る。疚しい良心を抱くことなく時流に迎合する人が大多数を占める中で、

ほぼ唯一の、真の例外は、十分に福音派的、十分にカトリック的なキリスト者の集団でした。彼らはそのために悪口を言われ、嘲られ、あるいは少なくとも気の毒で否定的な存在と見なされていました。（中略）マルティン・ニーメラー（一八九二―一九八四年）やガーレン伯爵（一八七八―一九四六年）のような名前は、敵も尊重しています。彼らはほぼ一人で立っていたがゆえに、それだけ高く尊重されているのです。しかしその他にドイツの教養層と言えば――彼らは過去一五年間、自らを心底から恥じることしかできません。（一九四三年八月二日。ebd., S. 200）

以上、第三帝国の成立前から同帝国期における古典語教師の文通の一端を紹介した。彼らの文通には、教養に裏打ちされた良識、時勢への洞察がよく表れている。二人はナチズム、それに対して抵抗を行わない教養市民の問題点を早くから見抜いていた。彼らはナチズムに積極的に協力しなかったが、かといって自らナチズムへ抵抗するには至らなかったのである。

MAJOR DR. WILHELM EHMER:

DER SCHILD VOR EUROPA

VON DEN GEISTIGEN GRUNDLAGEN DES DEUTSCHEN SOLDATENTUMS

Einen zweiten Winter lang berannten Stalins Heere die europäische Ostfront in einer Schlacht von wahrhaft kontinentalem Ausmaß und kontinentaler Bedeutung. Dabei haben die Soldaten der 6. deutschen Armee zusammen mit einem kroatischen Regiment und zwei rumänischen Divisionen Stalingrad bis zum letzten Mann verteidigt, mehrere sowjetische Armeen bindend und so die Errichtung einer neuen strategisch günstigeren Front erkämpfend. Wie sie dieses Opfer brachten, das ist nur aus einer soldatischen Haltung zu erklären, deren Grundlage ein zeitgenössischer Soldat und Philosoph hier zu deuten unternimmt

Die Materialschlachten der letzten beiden Jahre des Weltkrieges 1914/18 hatten weitgehend zu der Ansicht geführt, als habe der Einzelkämpfer, als eigenwillig auf dem Schlachtfeld auftretendes Wesen ein für allemal seine Rolle ausgespielt. An seine Stelle sei das Material getreten, die Technik, die alles niederwalzende Kriegsmaschine. Diese Anschauung wurde von vielen militärischen Schriftstellern vertreten, vor allem von französischen, englischen und amerikanischen Theoretikern; sie fand ihren Niederschlag aber auch in dem Verhalten der Generalstäbe. Zwei Beispiele: Bei der Entwaffnung der deutschen Armee achtete man 1918 vor allem darauf, daß sie keine schweren Waffen mehr besaß: keine schweren Geschütze, keine Panzer, und auch keine Flugzeuge, denn diese Waffen waren ja die Hauptträger der Materialschlachten gewesen, und deshalb glaubte man, Deutschland vor allem anderen durch dieses Verbot wehrlos zu machen. Das zweite Beispiel ist die Maginot-Linie: Wenn in Zukunft das Material kriegsentscheidend war, so brauchte man nur einen ungeheuerlichen Materialwall aufzurichten, um für alle Zeiten unüberwindlich zu sein.

Es wäre interessant, einmal zu untersuchen, ob sich auch die Deutschen jener „materialistischen" Anschauung angeschlossen hätten, wenn sie durch Versailles nicht zu einem Verzicht auf die wichtigsten Waffen gezwungen worden wären. Wir möchten bezweifeln, daß die deutschen Theoretiker und Praktiker in diesem Falle den Vorrang des Kriegsmaterials vor dem Kämpfer anerkannt haben würden, dazu waren die geistigen Grundlagen des deutschen Soldatentums in der Nation selber seit jeher zu tief fundiert. Und hatte nicht gerade die Tatsache, daß der deutsche Einzelkämpfer so lange der Materialüberlegenheit seiner Gegner getrotzt hatte, den Beweis dafür erbracht, daß der entschlossene, todesmutige Mensch dem blinden Material überlegen ist?

Das Soldatische als Schicksal

Durch die Versailler Bestimmungen wurde Deutschland gezwungen, sich bei seiner Armee auf jene Kraft zu besinnen, die ihm kein Diktat verbieten konnte: auf den Geist. Wo die äußeren Mittel fehlten, mobilisierte man die inneren, wo man in der Verwendung des Materials beschränkt war, erschloß man die reich sprudelnde Quelle der Idee.

Mochten die „Sieger" des großen Krieges sich in ein ungeheures Panzerkleid hüllen und sich hinter ausgeklügelten und waffenstarrenden Festungswällen verschanzen, die kleine Reichswehr mit ihren bescheidenen 100000 Mann wurde zum Hüter der großen geistigen Tradition deutschen Soldatentums und entwickelte diese Tradition gleichzeitig weiter, indem sie aus den Erfahrungen des Weltkrieges die nötigen Folgerungen zog. Man zerbrach nicht oder verzweifelte nicht an den Schwierigkeiten der Situation, sondern rief alle Tugenden soldatischer Haltung wach: Charakterstärke, Willenskraft, Erfindungsgabe und den Mut, Grundlagen, auf denen seit jeher das deutsche Soldatentum aufgebaut ist.

Dem Menschen, der sich auf kargem Boden unter harten Lebensbedingungen seine Existenz erkämpfen und sichern muß, ist das Soldatische der Ausdruck einer notwendigen Haltung. Die beiden deutschen Stämme, die zum erstenmal ein echtes Soldatentum entwickelten, hatten Aufgaben kämpferischen Charakters zu lösen: die Preußen mußten ihrem von der Natur stiefmütterlich behandelten Lande die Basis für eine bescheidene Existenz als Volk abringen — dazu hatten sie sich gegen günstiger gestellte, starke Nachbarn zu sichern — und die Österreicher waren als Bewohner der Grenzmark gegen den Südosten zur soldatischen Kraftentfaltung gezwungen. In beiden Fällen ist es also nicht die Laune eines Despoten gewesen, die ein Heer aufgestellt und soldatische Gedankengänge ausgeprägt hätte, sondern das geschichtliche Schicksal, die Natur selber, hat an der Wiege der preußischen wie der alten österreichischen Armee Pate gestanden. Beide sind, nachdem sie im ersten Weltkrieg erneut unvergänglichen Ruhm an ihre Fahnen geheftet haben, auf verschiedenen Wegen organisch in der jungen nationalsozialistischen Wehrmacht aufgegangen.

Der preußische Generalfeldmarschall Hellmuth von Moltke, der erste Chef des Großen Generalstabes, hat die soldatischen Tugenden einmal kurz genannt: „Mut und Entsagung, Pflichttreue und Opferwilligkeit mit Einsetzung des Lebens." Wenden wir diese Begriffe auf das zivile Leben an, wie es sich im modernen Liberalismus ent-

Das Gleichnis in der Geschichte: Leonidas, Feldherr der Spartaner

Er verteidigt die Pforte Griechenlands, den Engpaß bei den Thermopylen, im Jahre 480 vor der Zeitrechnung gegen den Einbruch der Perser bis zum letzten Mann. Genährt vom Geist solchen Opfermutes erwächst schon drei Jahre später der attische Seebund, das erste große politische Bündnis der Griechen. Die Persergefahr ist endgültig überwunden. Athen blüht auf. Die Geburtsstunde der europäischen Kultur ist da. Das Opfer ist fruchtbar geworden

WANDERER, KOMMST DU NACH SPARTA,
VERKÜNDIGE DORTEN, DU HABEST UNS
HIER LIEGEN GESEHN, WIE DAS GESETZ
ES BEFAHL

Inschrift auf dem Nationaldenkmal, das die Griechen Leonidas und seinen Soldaten errichteten

2

『シグナル』1943年3月後半号に掲載された「ヨーロッパを守る盾」（Ehmer, S. 2）。スターリングラードにおいて戦ったドイツ兵の敢闘精神の基盤を、ペルシア戦争中のテルモピュライの戦いでのスパルタ兵の奮戦などに求めている。中央の写真は、スパルタ王レオニダスとして伝えられた重装歩兵の像。彼はこの戦いでスパルタ兵を率い、戦死した。その下には、シモニデスによる「テルモピュライの戦死者碑銘」が引用されている。『シグナル』はナチズムの国際的な宣伝雑誌。20ヵ国語で、1940年から45年にかけて月2回刊行。毎号240万部以上刷られた。

第Ⅰ部においては、三人の人文主義者によるナチズムへの傍観、協調、抵抗の諸相を主に検討した。その際、第三帝国におけるギリシア・ローマ古典古代の受容については、前古典期を中心とした古代ギリシア像の立ち上げを試みたことを指摘するに留まった。第Ⅱ部ではさらに一歩進めて、第三帝国において支配的であったギリシア・ローマ古典古代観の現れとして、スパルタの受容の検討を行う。それに加えて、第三帝国におけるスパルタの受容に対するドイツ内外での賛否、思想史上の位置付けを考察する。これによって、第Ⅰ部で検討した三人の人文主義者によるナチズムへの傍観、協調、抵抗を、より広い社会的、思想史的な文脈の中に位置付けてみたい。

考察の順序は、以下のとおりである。第一章は「スパルタについて」と題したとおり、スパルタに関する基本事項の整理を行う。第二章は「ナチズムの世界観・政策とスパルタ」について考察し、ヒトラーを初めとするナチ幹部の世界観および第三帝国の政策とスパルタとの関連に関して検討する。第三章は「第三帝国のスパルタ受容に対する国外での賛否」について考察を行う。第四章は「第三帝国のスパルタ受容に対する国内での批判」を検討する。

ナチズムによる古代ギリシア・ローマの受容の概観

第三帝国における古代ギリシア・ローマの受容は、多岐に及んだ。ナチズムによるその受容は、生存闘争のために「敵 - 味方」を峻別する世界観に基づいて、多くの場合、敵対像と模範像に区別された。敵の代表は主にセム語族に属するユダヤ人、フェニキア人、カルタゴ人、エトルリア人などの商業民族ないしは聖職者民族、味方の代表はインドゲルマン語族に属する英雄的なスパルタとローマ帝国であった。前者は南の地中海人種ないしは東方人種、後者は北方人種の血統を継ぐとされた。古代ギリシア・ローマは人種の純粋性が保たれた時期、発展し、人種混合が進むと脱北方化が起き、衰退したとされた。その過程、詳しい原因を追究し、第三帝国が古代ギリシア・ローマの轍を踏まないことが目指された。古代ギリシア・ローマにおける地中海世界を中心とする文学や史実、特に諸民族間の闘争は、現代を解釈し、正当化し、現代に警告を与える手がかりとされた。例えばユダヤ人について、モムゼン『ローマ史』における以下の言葉が注目された。「古代世界においても、ユダヤ人は世界市民主義を促し、国民的なものを解体させるのに有効な酵素であり、その限りでカエサル（前一〇〇—前四四年）の国家で特権を与えられたメンバーであった」（Mommsen 1856, S. 216）。この言葉は、ユダヤ人のかつても今も変わらない民族性を特徴付けるとされた。そして彼らを批判する際、ヒトラーを初めとするナチズムのイデオローグに頻繁に引用された（Hitler 1925, Bd. I, S. 857, Bd. II, S. 1135など）（反ユダヤ主義を学問的に基礎付ける年鑑『ユダヤ人問題研究』（一九三六—四四年）には、古代ギリシア・ローマ、特にヘレニズム期におけるユダヤ人、ユダヤ教、反ユダヤ主義に関する論文が多く収録されている）。ローマの共和制から帝制への移行も、第三帝国の成立を正当化するものとして研究された。そういった中で、第三帝国におけるスパルタへの注目は際立っていた。

第一章　スパルタについて

古代のスパルタはギリシアのペロポネソス半島南部、ラコニア地方に存在した。ギリシア神話の英雄ヘラクレスの子孫が北方から帰還してスパルタに移住した、ということが伝えられてきた。スパルタは自立したポリスとしては、前八世紀から前二世紀にかけて存立した。前六世紀から前四世紀にかけてはペロポネソス同盟の中心としてギリシア最強の軍事力、質実剛健を誇った。スパルタ建国の祖で立法者のリュクルゴスが国制を規定したと言われ、それが長年、維持されるに至る。以下、身分の三層構造、スパルタ市民の教育、自給自足体制、文学に詠われた軍事面での活躍という四つの観点から、スパルタのあり方をまとめてゆく。

身分の三層構造

スパルタの構成員は、以下の三つの層に分かれていた（古代の慣例により、女性や子供はその構成員に含まれていない）。

第一の層は、スパルタ市民からなる。彼らは自由な成年男性であり、参政権を持ち兵役の義務があり、スパルタの内部に居住した。次に触れる軍事的教育を受けた戦士身分で、第二次メッセニア戦争

スパルタの地勢（Sparta, S. 26）

の後、「同じ広さの土地《クラロス》」を所有し平等となったがゆえに、「同等の人たち《ホモイオイ》」とも呼ばれた。プルタルコス（四五頃―一二五年頃）によれば、当初九〇〇〇人いたという。

第二の層は、ペリオイコイからなる。ペリオイコイとは「周辺に住む者」という意味で、実際スパルタの周辺に居住していた。彼らは自由だが参政権はなく、兵役と納税の義務を負っていた。その多くは農民で、一部は商業・手工業に携わり、軍事面の功績によって解放されることがあった。ペリオイコイの数は、推定で約四万人から約一二万人の間を揺れ動いている。

第三の層は、ヘイロータイと呼ばれる非自由身分の、（スパルタ国家の）公的な奴隷からなった。彼らの多くは、スパルタ市民に征服されたメッセニア人であった。ヘイロータイもペリオイコイと同様スパルタの周辺に居住し、農業に従事した。彼らは貢納の義務を負うものの、参政権を持たず兵役の義務もなかった。解放されることはなく、しばしば反乱を起こしたことが記録されている。およそ二〇万人いたとされている。

こうしてスパルタにおいては少数のスパルタ市民が、数からみればおよそ三〇倍から四〇倍に及ぶペリオイコイとヘイロータイを支配した。三つの身分間の結婚、スパルタ市民と外国人との結婚は、禁止されていた。スパルタ市民はヘイロータイの反乱を未然に防ぐため、屈強なヘイロータイを若いスパルタ市民に時折、殺害させた。そうした殺害を正当化するため、スパルタ市民の最高監督官は毎年ヘイロータイに宣戦を布告したという。したがってスパルタは、恒常的な内戦状態にあった。

スパルタ市民の教育

このような、スパルタ市民を最上層に戴く社会構造は、どのようにして維持されたのであろうか。これを可能にしたのがスパルタ市民の教育、すなわち「軍事的教育制度 Agoge」である。いわゆるスパルタ教育は、今日では厳しい教育の代名詞として使われる。いわゆるスパルタ教育の歴史上の根拠となったのが、この軍事的教育制度である。

スパルタ市民に子供が生まれると、新生児は部族の中の最年長者に試された。軍事的教育に耐えられないと判断された虚弱な新生児は、スパルタ近郊タイゲトスの谷へ遺棄された。健康と認められた子供は満七歳まで両親の下で暮らし、その後、同年齢の人の群れの中で三〇歳に至るまで兵営生活を送った。この間、年長者の指導の下、仲間と共同で食事を取り、テントを共にした。読み書きも習ったが、教育の重点は厳しい身体的な訓練に置かれ、特にレスリングなど格闘技の訓練が推奨された。

戦争に備えて勇気と服従が重視され、生活を楽にする全てが禁止されたという。スパルタ市民は祖国に全てを捧げた。

自給自足体制

スパルタの身分構造、市民の教育は、ギリシアの他のポリスのそれと比べて大きく異なるに至った。こうした独自の国制を維持する上で教育と並んで重要であったのが、スパルタの自給自足体制である。

スパルタにおいては、スパルタ市民がいわば大地主として農地の管理に当たり、農業が重視された。他方、商業が蔑視された（三〇歳以下のスパルタ市民は全く市場へ行くことがなく、自らが必要なものを親戚や愛人を通して調達させた。年配の人にとっても店や市場で姿を見られることは、恥であったという）。外国との商取引は禁止され、リュクルゴス以来、スパルタにおいてのみ流通する鉄の貨幣を使用したと言われる。与えられた「同じ広さの土地《クラロス》」を相続に際して分割することは禁止され、こうした「土地の分割相続・金銀貨幣の使用・貿易による富の蓄財」の禁止などによって、市民の間で不平等や、その結果としての奢侈を防ぐことが図られた。前六世紀初期のアテナイとは対照的に、スパルタにおいては、市民の多くが零落し隷属農民や債務奴隷に転落するようなことはなかった。実際に富は魅力を失い、アテナイのように（一部の造形芸術を除いて）高い学芸は発達しなかったものの、家具など優れたものが作られたという。外国への旅行も、公の委託があった場合を除いて禁止されていた。

自給自足体制《アウタルキアー》は、古代ギリシアのポリスにおいて自由《エレウテリアー》、自治《アウトノミアー》と並んでその理想を満たす条件の一つであった。その中でもスパルタにおける自給自足体制の徹底は、著しかった。

文学に詠われた軍事面での活躍

スパルタ市民の軍事的教育制度は、有事にどのような成果を挙げたのだろうか。スパルタ市民の軍事面での活躍に関する有名な伝承を二点、取り上げたい。

第一に、メッセニアにおけるヘイロータイの反乱、すなわち第二次メッセニア戦争（前六六九—前六〇〇年頃）が挙げられる。第一次メッセニア戦争によってスパルタはこのメッセニアに自らの領土を広げ、先住民族をヘイロータイという奴隷にしていたのであった。第二次メッセニア戦争は約七〇年、続いた末、スパルタ市民が辛勝を収めた。スパルタの詩人テュルタイオスは「エレゲイアー」において、この戦争のことを次のように詠っている。

死ぬることは美しい、善きひとの己が祖国の、そのために戦って、先陣に仆れるとき。己れのポリスと、肥沃な耕地を後に残し、愛する母、老いたる父を伴い、小さな子等と妻を連れ、さ迷いながら物乞いするのは何にもまして辛いこと。（中略）さあ、若者達よ、戦え、肩をならべて踏み止まれ。恥ずべき逃亡が、恐れが、心にあってはならぬ。心中の気力を大きく猛くするのだ。勇ましく戦って生命を惜しむな。（中略）たしかに、お互肩をならべて踏み止まり、まともにぶつかる先陣の戦に敢えて進めば、幾何かは死ぬ。しかし後々まで民を救う。が、もし、惑い逃げれば、その徳は悉く無に帰するのだ。つい恥ずべき行為に及んだ後、どれだけの不幸が生ずるか、数え尽すことなど出来はせぬ。（山村、二二一―二二五頁）

この引用部においてテュルタイオスは「祖国に殉ずる死」を称え、敗戦を喫した民の惨めさを説き、敵前逃亡を諌め、祖国防衛の戦いを鼓舞している。右の引用末尾の「どれだけの不幸」についてイェーガーは、「敵（ヘイロータイ）が勝利を収めるということは、自分たち（スパルタ市民）が奴隷になることに他ならない」（Jaeger 1936, S. 124）と説明している。

第二に、ペルシア戦争中の前四八〇年に行われた、テルモピュライの戦いが挙げられる。ペルシア軍の来襲に際してギリシアの諸ポリスは、連合軍を結成した。その際スパルタ王レオニダス（在位前四八九―前四八〇年）麾下のスパルタ兵三〇〇名は、一〇〇万（この数については諸説がある）のペルシア軍に対して、アッティカ以北を防衛するためテルモピュライの通過路に布陣した。スパルタ軍は三日間、奮戦するが、衆寡敵せず遂に刀折れ矢尽き、テーバイその他のギリシア兵が撤退する余裕を作るため、全員が玉砕する。テルモピュライの戦いでのスパルタ兵の祖国愛、自己犠牲は、同時代のギリシアの詩人シモニデス（前五五七／五五六―前四六八／四六七年）による、「テルモピュライの戦死者碑銘」に詠われ、不朽のものとなった。この碑銘はドイツではシラーの詩「逍遥」（一七九五年）の中でドイツ語に訳され（Schiller, S. 231）、人口に膾炙した。彼の詩の該当部分の日本語訳は、以下のとおりである。

旅人ヨ、スパルタノ地ニ赴カバ、彼ノ地ノ人ニ告ゲ知ラセヨ、我ラ国法ニ従ヒ、ココ（テルモピュライ）ニ倒レ伏スヲ、汝ハ見タリ、ト。（ベル、二一頁）

テルモピュライは、スパルタから約二〇〇キロ離れた遠方にある。当地で戦死したスパルタ兵には、様々な想いがあったろう。そういった想いから、祖国に殉じ国の法を守ったという一点だけを、故国の人に伝えることを願ったという。

右で引いた「エレゲイアー」および「テルモピュライの戦死者碑銘」に詠われた、戦うスパルタ市民の姿は、後世のドイツ・ヨーロッパの人々に長きにわたって影響を及ぼすに至るのである。

ペロポネソス戦争などの戦で多くの戦死者を出したこと、それにもまして少子化によってスパルタ市民の数は次第に減り、かつての約九〇〇〇人が前二世紀には約一〇〇〇人にまで減少したという。またペロポネソス戦争での戦勝の結果、外国の富が流入し、土地の分割相続の禁止が解禁された。多くの土地は一部の市民の所有に帰し、平等であったスパルタ市民の間で貧富の格差が生まれるに至る。こうして、かつてのスパルタの厳しい国制、市民の間の連帯感は崩れていった。前三七一年にスパルタは、レウクトラの戦いにおいてテーバイに対し大敗を喫する。前三世紀には二人のスパルタ王、アギス四世（在位前二四四―前二四一年）とクレオメネス三世（在位前二三五―前二二二年）が軍事的教育制度の再建、土地の再分割など、リュクルゴスの国制への復古を目指す改革を試みる。しかしそれは挫折し、前二世紀にスパルタはローマに征服された。

本章で述べたスパルタにおける身分の三層構造、市民の教育、自給自足体制は古来、毀誉褒貶の評価を受けてきた。特にアテナイが代表した民主制に批判的な人々は、スパルタに惹かれる傾向があった。プラトンが、その代表者である。彼はスパルタの混合政体を既存のギリシア国家の中で最善の国制と見なし、彼が理想とした国家はスパルタの国制と多くの類似点があった。すなわち階層制に基づき選抜を重視する、支配層が家族生活を持たない、芸術家や詩人をおおむね蔑視するなどの点である(国家の最上位に立つ階層はスパルタにおいては戦士、プラトンの国家においては哲学者であるといった相違は存在したが)。

第二章　ナチズムの世界観・政策とスパルタ

本章においては、前章でまとめたようなスパルタの特徴が第三帝国においてどのように受容されたのか、同帝国の世界観・政策とスパルタの国制の間にいかなる重なりがあったのか、検討を行う。ここで、第三帝国において支配的な古代ギリシア観の基本に位置した見解に、再び注意を喚起しておきたい。それは、ハルダーに関する章で説明した「北方人種の神話」、すなわちインドゲルマンのあらゆる文化・文明が北方に由来したという見解である。スパルタ市民も、北方のアーリア人の血を引くとされた。

ヒトラーのスパルタ観

まず、ヒトラーのスパルタ観について検討する。彼はすでに触れたように古代ギリシア・ローマを高く評価し、スパルタを含めてそこから学ぶ必要を説いていた。一般に古代ギリシアの代表的なポリスとして、アテナイとスパルタが挙げられる。その際ヒトラーはアテナイの主に文化的な事績を評価することがあったものの、古代ギリシアについて語る場合、（北方のインドゲルマン起源の）ドーリア人のことを意味していたという[1]（Speer, S. 110）。では彼は、スパルタの何を高く評価していたのだろうか。

ヒトラーの世界観の中心として、社会ダーウィニズムに基づく優勝劣敗の原則、人種主義が挙げられる。その際スパルタは彼にとって、優れた少数者（アーリア人種）を優生学によって維持し、彼らが劣った多数者を支配する、歴史上の模範として考えられていた。ヒトラーは一九二九年八月四日に行った演説の中で、次のように述べている。


歴史上、最も明らかな人種国家であるスパルタは、こうした（新生児から虚弱な子供を除くという）人種法則を計画的に遂行した。我々ドイツでは、反対のことが計画的に行われている。すなわち我々は、人間性に抱く近代特有の惑溺によって、より健康なものを犠牲にして弱いものを守ろうと努力している。これは、社会的と自称する隣人愛が（障害者の世話をする）施設を設立するまでに至っている。(Hitler 1929, S. 348)

この引用において、スパルタは「最も明らかな人種国家」と名付けられた。そしてスパルタにおける虚弱な新生児の絶滅が擁護される一方、同時代のドイツにおける障害者への配慮が批判されている。

ヒトラーが『我が闘争』の続編として一九二八年に執筆しながら、生前には刊行されなかったいわゆる『第二の本』には、次のようにある。

六〇〇〇人のスパルタ人による三五万人のヘイロータイに対する支配は、スパルタ人が人種的に高い価値を持つ結果としてのみ考えられた。しかしこうした高い価値は、人種の計画的な維持の産物であり、我々はスパルタ国家の中に初の民族的な国家を認めざるを得ない。（スパルタにおける）病気で、弱い、奇形の子供の遺棄、つまり彼らの絶滅は、今日の時代の哀れな愚行よりも人間の尊厳に値し、実際に一〇〇〇倍も人間的であった。かかる愚行は、きわめて病的な輩である彼らを是が非でも守ろうとし、一〇〇万倍も健康な子供たちの生を産児制限や堕胎薬によって奪おうとしている。(Hitler 1928, S. 216f.)

右の内容は、以下の二つの点から注目に値する。すなわち第一に、スパルタにおける身分の相違が「人種国家」としての性格、つまり近代の観点から人種的な価値の高低として捉え直されている点である。こうした見解の反映を、後に第三帝国の占領政策を検討する際、見ることになろう。第二に、人間性や「人間の尊厳」に関するヒトラー独自の見解が表れている点である。すなわち彼は、前の前の引用に述べられているように、キリスト教の隣人愛などの要素が入った「人道・人間愛」としての人間性の擁護を、「人間性に抱く近代特有の惑溺」として嘲った。すなわちヒトラーによれば、障害者には現世での辛い生活を除く方が「人間的」であるという。こうした彼なりの人間性の理解は、後にナチスの幹部が自らの蛮行を正当化する際、しばしば依拠したところのものであった。

スパルタは、「人種国家」以外の面においてもヒトラーの関心を非明示的に惹いていたと思われる。彼は『我が闘争』の中で、「忠誠、犠牲への用意、寡黙こそ、偉大な民族が必要とする徳である」(Hitler 1925, Bd. II, S. 1059) と述べた。これらの徳は、スパルタにおいて評価された徳と重なっていたのである(ドイツ語の「寡黙な lakonisch」とは、本来「ラコニア(スパルタの古名)的な」という意味である)。

引き続き第三帝国の政策においてスパルタがどのように受容されたか、また両者の間にどのような重なりが存在したのか、人種政策(第一節)、農業政策(第二節)、教育政策(第三節)、占領政策(第四節)という四つの観点から、検討してゆく。

第一節　人種政策——「ニュルンベルク人種法」、「生命の泉」

第三帝国においては一九三五年、前に述べたヒトラーの人種観を反映し、いわゆる「ニュルンベルク人種法」が公布された。これはドイツ人の血と名誉を守ることを目的とし、ユダヤ人と非ユダヤ人(ドイツ人)との結婚および婚外の性交渉を禁止した。同法は、アーリア人種たるドイツ人を頂点とする人種的なヒエラルヒーの維持や純化を目的とした。それはかつてのスパルタにおける身分間、スパルタ市民と外国人との結婚の禁止と似た側面を持っていた(ただしスパルタにおいて、スパルタ市民がペリオイコイやヘイロータイの女性との間に婚外子を儲けることは認められ、ペリオイコイとの間の婚外子が戦場での武勲によってスパルタ市民となることもあった。こうした点で第三帝国のいわゆる「ニュルンベルク人種法」は、スパルタの法以上に厳しい法であったと言えよう)。

周知のようにナチスは、多くの身体的、精神的な障害者を「生に値しない生」の名の下に殺害した。これを目的とするT4作戦が一九四〇年に発動され、多くの障害者が犠牲になった。T4作戦は優秀人種の保護や育成というナチス本来の目的の裏面であり、彼らが追求した優生学は、本節の前で触れた二つのヒトラーの言葉のみならず、しばしばスパルタにその模範が仰がれた。「古代のスパルタ人の下で弱い子供の遺棄が普通に行われていたということは、よく知られている。プルタルコスによれば、立法者リュクルゴスは意識的な躾という観点に留意していた。しかしその他（スパルタ以外）にも、古典古代において子供の遺棄は多く行われ、それに対する刑罰は全くなかった。こうした人倫は、全く広くインドゲルマン的であったように見える」（Lenz, S. 16. なお近年の研究では、テーバイなどのポリスにおいて新生児の遺棄が禁じられていたことが明らかにされている（Schmidt, S. 141)）。

スパルタにおいて教育は家族よりもむしろ国家の事柄であり、スパルタ市民の純血性の維持が国家の大きな関心事であった。このような要請も与ってスパルタ市民の数は歴史的に次第に減り続け、それがスパルタ没落の主因の一つとなったことにはすでに触れた。翻って第三帝国は純血性の維持を目指しつつもこうした人口減少を防ぐため、アーリア人種の子孫の増加を目的とし、「生命の泉 Lebensborn」という、ヒトラーのナチ親衛隊を中心とする国営組織を作った。この組織は、本人と相手が共にアーリア人種と認められた未婚の母の中絶を防ぎ、出産を可能にし、子供の養育先の紹介を目的とした（そうした子供の父は、ほとんどがナチ親衛隊員であった。婚姻によるにせよらないにせよ、四人以上の子供を儲けたナチ親衛隊員は、「生命の泉」を財政援助する義務から解かれたためである）。スパルタの少子化による没落が第三帝国への警告たることは、ナチ関係の多くの文献の中で説かれている（Valentiner, S. 13-19）。したがって「生命の泉」の設立に際して、スパルタが反面教師とされたことが推測されている（Losemann 2013, S. 846）。

第二節　農業政策——「帝国世襲農場法」、「血と大地」

前節で触れた人種政策は、ヴァルター・ダレーにおいて農業政策と結び付くに至った。彼は一九三三年から四二年にかけて、第三帝国の食糧農業大臣を務めた。ダレーは自らの農業政策の根幹として、一九三三年「帝国世襲農場法」を公布した。この法律は、「およそ七・五ヘクタールから一二五ヘクタールまでの規模のドイツ人所有の農場を世襲農場と定め、それを一括相続させ、さらにその譲渡・抵当入れ・強制執行を禁じた」（豊永、二三頁）。かかる法律を制定した目的として、「農場を資本主義的市場経済から解放し、「民族の血の源泉」たる農民を保護する」（同上）といった点が挙げられている。

ダレーのスパルタ観

ダレーは「帝国世襲農場法」を制定する基となった認識を、『北方人種の生の源泉としての農民のあり方』において述べている。彼は同書の中でスパルタを、軍事国家よりもむしろ農民国家と見なした上で、第三帝国の農業政策の参照項と考えた。以下、彼によるスパルタ観と農業政策との重なりを検討してゆく。

ダレーは、スパルタが本来「財産の集積を厳しく禁じ、（中略）家屋敷、栄養の源泉あるいは生活の支えとしての世襲農場のみを認めていた」（Darré 1929, S. 172）ことに注目する。彼は古代史家ゲオルク・ブーゾルト（一八五〇－一九二〇年）に倣って、スパルタ市民に分配された「同じ広さの土地《クラロス》」を世襲農場と見なした。そして「スパルタにおいては、世襲農場を所有する場合のみ完全に有効な形で結婚でき、（中略）世襲農場の数と婚姻の締結の数が一致していた間、スパルタ市民の後継者は依然としてある程度、安定していた」（ebd., S. 175）という。

ギュンターは、スパルタが戦争による戦死者の増加によって脱北方化すなわち衰退の道を辿った、と論じた。しかしダレーは、ギュンターの説に異論を唱える。つまりダレーはスパルタ衰退の経緯や理由を、「土地問題と、北方人種の根源的な農民のあり方」（ebd., S. 168）、言い換えれば経済的、生物的という二つの観点から、次のように分析する。

彼が考察の手がかりとするのは、スパルタにおいて政治的・軍事的な営みの拡大と人口の減少が、ほぼ並行して起きたことである。ダレーによれば、「スパルタの政治的な射程が農民国家の防衛費を超えない限り、国家とその市民の内的な状態は健康であり続けた」（ebd., S. 172）。しかし外征が増えると出費が嵩み、子供を減らすことで出費の増加分を補い、その結果、一子相続人の選抜が行われなくなり、スパルタ市民の中から優秀な人材が減っていったという。

スパルタがペロポネソス戦争において勝利を収めギリシアの覇権を握ると、スパルタ市民の間で金銭と黄金の重要性が増した。かかる状態を反映してダレーがスパルタの大きな転機を認めるのは、最高監督官エピタデウス（前四世紀）が定めた法である。この法は子供がいない場合の世襲農場の処分権を認めた結果、実際の土地購買を隠す口実となり、購買あるいは現実の贈与によって世襲農場の大部分は少数のスパルタ市民の手に帰し、世襲農場の統合が行われたという。当時、統合された世襲農場のほぼ半数は、スパルタ市民の血を引く女性が所有するに至った。豊かになった彼女らの多くは奢侈に耽り、かつてスパルタ市民の義務であった出産を嘲り、中絶や不妊を促したという。

以上の要約から、次のことが言えよう。ダレーは、スパルタ市民による「同じ広さの土地《クラロス》」の所有とその一子相続を、結婚すなわちスパルタ市民の純血性の確保と不可分のものとして捉えた。そして両者の結び付きの中に、農民的なスパルタの国制が存続する基盤を読み取った。これと類似して「帝国世襲農場法」においては、「世襲農場は法に基づいて、分割されないまま一子相続人に受け継がれる」（Reichserbhofgesetz, Kap. 12, 13, 19）と定められた。さらに「ドイツ国籍を持ちドイツあるいはそれと同種の血統を有する人のみが、農民として世襲農場を所有できる」（ebd., Kap. 12, 13）という人種上の縛りがかけられた。こうしたスパルタ観および「帝国世襲農場法」に表れた考えは、ダレーがその主唱者の一人であった「血と大地」のイデオロギーに基づいていた。このイデオロギーは、「血と大地の解きがたい結合こそ、民族の健康な生活にとって不可欠の前提である」（Darré 1929, S. 4）と説いたのである。ダレーによれば、スパルタの脱北方化すなわち衰退は、世襲農場の（一子以外への）譲渡を認めた点にその重要な理由が求められた。これを反面教師として、「帝国世襲農場法」においては世襲農場の「譲渡・抵当入れを原則として禁ずる」（Reichserbhofgesetz, Kap. 37）という規定が盛り込まれた。ダレーによれば、「世襲農場法なしにドイツ人の血の生物学的な存続は維持できず」(Corni, S. 34)、「世襲農場はドイツ民族という人種を再生させる出発点になるべき」(ebd., S. 35) なのであった。こうしてダレーにおいて人種政策と農業政策は、スパルタを鑑として結び付いたのである。

自給自足体制の重視

スパルタにおける農業重視の裏面は、商業・貿易の軽視ないしは蔑視であった。第三帝国下、広範囲に普及した歴史の暫定的な代用教科書であるいわゆる『小ゲール』には、次のような記述がある。「ドーリアのスパルタ人による社会主義的な戦士国家。(中略) 反資本主義。交易と貨幣経済に対して閉じられていた。外国への旅行や移住は禁止されていた。古い鉄の貨幣が保たれた」(Gehl 1938, S. 6f.)。ダレーは、ペロポネソス戦争後、衰退期のスパルタを「封建的な金権政治」(Darré 1929, S. 174) の名の下に批判している。かかる商業・貿易の軽視ないしは蔑視と関連して第三帝国は、(特に一九三六年から四〇年にかけての「第二次四ヵ年計画」において) 食糧・工業原料の国内完全自給自足体制の確立を目指した。こうした目的は、(後述する) 独ソ戦の大きな根拠ともなった。「ナチスは世襲農場制によって、体制の社会的基盤のみならず、食糧自給政策の担い手をも同時に確保しようとした」(豊永、三一頁) ことが指摘されている。その際ヒトラーは農業のみに重きを置いたわけではなく、(軍備のため) 重工業の振興も視野に入れていた。そういった相違はあるものの、ナチ的な古典語教育・古典研究を謳った雑誌『古代語』に収録された「ギリシア語授業におけるスパルタ」には、スパルタと第三帝国の類似として「自給自足と (第二次) 四ヵ年計画」(Walter, S. 99) が挙げられている。後で触れる、ナチ寄りのスパルタ解釈を展開した古代史家であるヘルムート・ベルヴェ（一八九六―一九七九年）も、スパルタにおける自給自足体制の重要性を強調している（Berve 1938, S. 8f.）。

第三節　教育政策――各種学校、ラーガー

第三帝国においてスパルタは教育上の模範としても仰がれ、各種学校やラーガーにおいてその実現が図られた。

ルストのスパルタ賛美

第三帝国において一九三四年から四五年にかけて文部科学・成人教育大臣を務めたルストは、かつて大学で古典文献学を修め、人文主義ギムナジウムで古典語を教えていた。彼は公の場において、スパルタが第三帝国の教育の師表たることを、次のように説いた。

一九三三年六月二四日にラウエンベルクで行われた教員養成コースの開会講演で、ルストは次のように語っている。「私は、我々（ドイツ人）が一種のスパルタ市民のあり方を育て上げなければならないこと、このスパルタ市民の共同体に加わる用意ができていない人は、**将来、国家公民となるのを断念せざるを得ないことを**、何ら疑いません」（Rust 1935, S. 44. 強調の表記の使い分けは、原文による）。ここでスパルタ市民の属性を備えることは、ドイツ人の条件とされている。さらにルストは一

九三六年、ハイデルベルク大学の開学五五〇年を記念して行われた講演「国家社会主義と学問」において、次のように述べている。「ドイツの若者は、自らとスパルタの英雄的な若者を結び付ける深い絆に開眼します。両者の間に、何千年もの時が経過しているにもかかわらず。それは、ドイツの若者が自らに相応しくない文化の過剰状態から解放され、共同体のための男性的な躾と犠牲を辞さない生へ一人一人が回帰することによるのです」(Rust 1936, S. 17)。

上の二つの引用においては、ドイツ人にとってスパルタが国家公民への教育や共同体への献身などの点で模範となることが、述べられている。ではスパルタという模範は、第三帝国の教育においてどのような形で現実化が図られたのだろうか。これについては、学校内外の教育組織という観点から考えてみたい。

各種学校におけるスパルタ

第一に人文主義ギムナジウムにおいては、例えば次のような形でスパルタが教材として重要性を増した。「ベルリンとプロイセン州の高等学校年鑑」(一九三三年)によれば、人文主義ギムナジウムの上級学年における作文のテーマとして、「なぜスパルタ国家は今日、以前よりも多く我々の関心を惹くのか?」(Gies, S. 93) という課題が出されている。「新生ドイツにおける人文主義的な教養」によれば、「すでに九年制ギムナジウムの第三学年の生徒が、実際に次のことを聞いている。いかにスパルタにおいて全てが民族全体へ向けられており、全体にとって有用な部分になることのできる子供だけが教育されたか、それどころか少女にまで及んだ国家教育がいかに若者を形成し、純粋な血という由来以上に市民権の先決条件であったか、最後に大人の生の全体が、国家目的によっていかに決定されたか」(F. B., S. 199)。

第二に第三帝国においては未来の国家エリートを養成すべく、一九三三年に民族共同体教育施設《ナポラ》およびアドルフ・ヒトラー学校（党幹部予備軍養成学校）という中等教育レベルの全寮制学校がドイツ各地に新たに創設された（この二つの学校の相違は、卒業後の職業選択の有無にあった）。このナチ色の濃い二つの学校は両親の身分や収入を顧慮することなく学生を選抜し、古典語教育が一部、保たれた。その際、スパルタは以下のように重要な役割を演じた。

民族共同体教育施設《ナポラ》における教育について、同校の学生担当教育部署の長官を務めたアウグスト・ハイスマイヤー（一八九七―一九七九年）は、次のように説いた。「歴史的な形成力を備える諸民族や民族の階層は、国家を担う後継者の階層を考慮していた。かかる諸民族や民族の階層は、政治的な本能あるいは意志から、すでに常に若者を共同体へ向けて教育することに着手した。例えばスパルタ、イギリス、カトリック教会、プロイセンの将校団がそうである」(Heißmeyer, S. 3)。そして第三帝国がこれに見習うべきことを説いた。民族共同体教育施設《ナポラ》におけるスパルタの取り上げ方については、ヘレン・ロッシュが『スパルタに呪縛されたドイツの子供たち――一八一八年から一九二〇年にかけてのプロイセン陸軍幼年学校と一九三三年から一九四五年にかけての民族共同体教育施設《ナポラ》』において、詳しい探究を行っている。

彼女は、同校の卒業生の中から一六の民族共同体教育施設《ナポラ》で学んだ六〇人を対象に、同校での教育に関する調査を行った。その中の一生徒は、次のように回想している。「ギリシア史の授業で、スパルタとスパルタ人のあり方は特に強調されました。(中略)他方でスパルタ人のあり方は、健康で強力な民族性が発展した輝かしい発露と見なされました。(中略)こうして若者に対するスパルタ教育が、指針として掲げられました。(中略)教師は常にスパルタを範例として明示的に強調しました」(Roche, p. 215)。

映画『民族《ナ》共同体教育《ポ》施設《ラ》――総統のためのエリート』(邦題は『エリート養成機関　ナポラ』)には、次のような印象深い場面が登場する。すなわち同校の体育の教師が生徒に厳冬の中、凍った湖に(約一五メートルの間隔で)穿たれた穴と穴の間を、氷の下を潜って泳ぐよう命じる(ナポラ、86:25-92:05)。これは、比喩的な意味でのスパルタ教育である。民族《ナ》共同体教育《ポ》施設《ラ》に批判的になった主人公の親友はこの訓練の際中、自ら死を選ぶ。かつて民族《ナ》共同体教育《ポ》施設《ラ》に通った俳優ハーディー・クリューガー(一九二八年―)によれば、実際にこうした訓練が行われたという(Krüger, H., S. 62)。ロッシュは調査を行った結果、「自らの通った学校でスパルタの影響について何も覚えていないという事実を強調する人、あるいは古代のスパルタとの何らかの特別な関係という意味での「スパルタ的な」という形容詞を覚えていない人は、調査に応じた人の中でごく僅かしかいなかった。このことが銘記されねばならない」(Roche, p. 213)と述べている。

アドルフ・ヒトラー学校においても、スパルタは教授の中心対象となった。これを表すのは、一九四〇年になってからではあるが、同校において『スパルタ――北方の支配層による生をめぐる戦い』と題する、戦争教育を目的とした教材が配布されたことである。同書は、プルタルコスやクセノポンといった古代の著作家、カール・オトフリート・ミュラー(一七九七―一八四〇年)、ハルダー、ベルヴェといった近現代の人文主義者の手を通して古代のスパルタの姿を紹介しているだけではない。同書の目的は、「同志への呼びかけ」に以下のように記されている。

この本（『スパルタ――北方の支配層による生をめぐる戦い』）を読んで、私には繰り返し、次のことがきわめて当を得て意識された。すなわち国家社会主義者としての我々の仕事にとって、スパルタの歴史から多くのことが学べる、と。それに従ってスパルタ市民が自らの国家を構築し、導き、自らの後継ぎとなる指導者を教育した多くの認識や基本事項は、我々にとっても役に立つ。しかし彼らの没落を招き寄せた失敗を、我々が繰り返すことは許されない。(Sparta, S. 5)

この序文を記したのは、クルト・ペッター（一九〇九―六九年）というアドルフ・ヒトラー学校の監督局長である。スパルタが主として第三帝国の模範として讃えられている一方、その（少子化などを原因とする滅亡という）失敗を繰り返すべきでないことが、警告されている。同書には、先に触れた「テルモピュライの戦死者碑銘」のみならずテュルタイオスの「エレゲイアー」（ハルダーによるドイツ語訳）の全体も、収録されている。シモニデスとテュルタイオスの作品が『スパルタ――北方の支配層による生をめぐる戦い』に収録された意図は、明らかである。つまりアドルフ・ヒトラー学校はスパルタを主に模範として仰ぎ、「祖国に殉ずる死」を最高の価値として称揚したのである。これを表す別の例として、同書からベルヴェの文章を引用したい。

出征、特に戦いの日は祝日のようであった。（戦場の）宿営地《ラーガー》での規律は、故郷におけるほど厳しくはなかった。一対一の男同士の高貴な戦いで試練に耐え、未来の生のために故郷で名誉と誇りを得られた時は、深い喜びに満たされていた。スパルタの息子にとって戦いは、恐怖ではなく約束のみを有していた。なぜなら彼らにはそういったことが、ごく若い時期から魂の奥底まで植え付けられていたからである。秩序に則った戦いでスパルタのために勇敢に戦い、戦死することほど麗しい運命、高い生の成就は存在しなかった。（ebd., S. 58）

ヴァイマルのアドルフ・ヒトラー学校において用いられた補助教材「スパルタの若者」において、戦争の準備はスポーツの鍛練と関連付けられている。

質素な血の黒スープ[2]だけからなる昼食の後、彼ら（スパルタの若者）は身体をスポーツの競争で鍛えた。（中略）彼らは競技場に着くと、徒競走、レスリング、槍投げ、円盤投げの鍛錬を行った。彼らの若いリーダーであるアレクサンダーは、万事に卓越していた。（古代）オリンピア競技で、彼は強健なアテナイ人をレスリングで負かした。アレクサンダーはゼウスの神殿においても勝者として称えられ、後に戦争の際には王の傍で戦い、死ぬことが許されるであろう。誰もが彼のことを、うっとりと眺める。（Gebhardt）

スポーツの実践と兵士の実践は一致し、スポーツは意志力、即戦力、自己支配、堅固な性格を鍛えることによって軍人の人格形成の手段となる。こうした考えは第三帝国の広い場において、多くの反響を見出していた（Alkemeyer, S. 292）。

ラーガーとスパルタ

第三に、スパルタという模範が学校外で第三帝国の教育に影響を及ぼした例として、ヒトラーユーゲントが挙げられる。周知のようにこの組織は、ナチズムがドイツの青年運動を吸収して成立した。第三帝国において青少年は、一〇歳になるとユングフォルクに加入し、その後一四歳から一八歳までヒトラーユーゲントへの所属が義務付けられた。ヒトラーユーゲントにおいてもスパルタは、次のように注目を浴びていた。以下、その機関誌『意志と力』からの引用である。「個人が国家と民族のために全てを捧げること、個人が絶対的に無欲なこと。この二つは、スパルタ人の根本条項であった。かかる根本条項は、国家社会主義に基づく国家における我々の教育の支柱にならねばならない」（Bürgener, S. 4）。ドイツの青少年はヒトラーユーゲントにあって、第二次世界大戦前は週に二日、放課後にナチズムの世界観に関する教育を受け、月に一度、スパルタの軍事的教育制度と同様に共同生活（野外キャンプ）を、主に週末を利用して営んだ。この共同生活においては、将来、有能な兵士となるべく身体的な訓練に重点を置き、民族共同体とヒトラーへの忠誠を鼓吹した。

ヒトラーユーゲントの青少年が送った共同生活は、ドイツ語で「ラーガー Lager」という（ヒトラーユーゲントの創設者バルドゥール・フォン・シーラハ（一九〇七―七四年）は、「ラーガーは若者の生活の最も理想的な形式である」（Schirach, S. 107）と考えた。その際ラーガーは「無欲、質素で自然と結び付いた

ヒトラーユーゲントのラーガー（1933年。Bundesarchiv, Bild 146-2004-0030）

生活態度（中略）へ教育する」（Sturm, S. 139）ことが謳われた）。このラーガーという言葉は、スパルタの男性が三〇歳まで過ごした兵営生活《ストラトペドイー》のドイツ語への訳語とほぼ同じである。[3] ラーガーというドイツ語は、「共同生活、兵営生活」のみならず「合宿、キャンプ、収容所」など、様々な日本語へ訳される。第三帝国においてこのラーガーは、ヒトラーユーゲントにおけるように青少年に対してのみならず、様々な年齢、階層、職業の人々に対して、多種多様な場で組織された。例えば強制労働のための「労働キャンプ Arbeitslager」、「学者の共同生活 Dozentenlager」などである。「ラーガーのネットワークが、我々の国（ドイツ）を海から高い山に至るまで、東の荒野と森から西の産業地域に至るまで覆っている」(Mertens, S. 3)。こういったラーガーにおいては多くの場合、参加者が共同生活を行い相互研讃の場と謳いつつも、実際にはナチズムへの思想教育を行った。けだしラーガーは、人間を「市民でなくし、同志とする」(Sturm, S. 112) ことを目指した。ラーガーはスパルタのみならず、第三帝国を特徴付けるライフスタイルとなったのである (実際にスパルタは、ラーガーの歴史的な参照項の一つと見なされた (Schiedeck, S. 186)。古典文献学者のハンス・ボークナー (一八九五―一九四八年) はドイツを新しいスパルタに譬え、両者の共通点の一つとして「ラーガーにおける男性的な教育」(Bogner, S. 13) を挙げている)。

ナチズムは市民社会を解体し、戦闘共同体という非日常を日常と化すことに努めた。こうした目的を実現するためにも、スパルタは模範として役立ったのである。

第四節　占領政策――東方総合計画

一九四一年ドイツはソ連に宣戦を布告し、独ソ戦が始まる。この戦争の主たる目的の一つは、ヒトラーがすでに『第二の本』において主張したように、「土地なき民」であるドイツ人が自給自足できる生存圏の確保にあった。独ソ戦緒戦での勝利の結果、ドイツ軍はウクライナ、バルト三国など広大な地域を占領した。その結果ナチスの占領政策の関係者は、人種的なユートピアを実現する格好の機会が到来したと考えた。

それを表すのが、一九四二年にソ連の占領政策を論じる関係者の間で練られた「東方総合計画」である。この計画に関する会議録が残っており、その中でプラハ大学の人種衛生学の教授ブルーノ・クルト・シュルツ（一九〇一―一九七年）は、一九四二年二月四日に開かれた第二次の同計画に関する会議で、次のような意見を述べている。つまり彼によれば、スパルタにおける身分の三層構造に則り、東方の新たなドイツ占領地域において「ドイツ人はスパルタ市民の地位、ラトヴィアやエストニアなどに存在する中間層はペリオイコイの地位、これに対してロシア人はヘイロータイの地位を占めなければならないだろう」（Heiber, S. 296）。これは、当時の人文主義者にも予感されていた。第Ⅰ部の補論で触れた古典語教師のシューマンは、次のように記している。「特に東方での全体的な状況について、どう思われますか？　私がかつて描いたような、きわめて拡大したスパルタの像が、ますます露わになりつつあるのではないですか？　スパルタ市民、ペリオイコイ、ヘイロータイ」（一九四一年一一月二二日。Schumann, S. 142）。「東方総合計画」は、ドイツ軍がソ連軍の反攻を受け東方の占領地域を手放さざるを得なくなることによって、ごく一部しか実施されなかった。

しかし、かつてヘイロータイがスパルタ市民によって非人間的な処遇を受けたのと同様、ロシア人が独ソ戦の間、ドイツ人によって過酷な取り扱いを受けたことは明らかである。第二次世界大戦における約一五二〇万人というソ連民間人の膨大な死者の数が示すだけではない。むしろ重要なのは、ドイツ軍に抑留されたソ連軍捕虜の死亡率である。すなわち第二次世界大戦中のドイツにおいて、イギリスとアメリカという西側諸国の捕虜の死亡率は約三・五パーセントであった。これに対してソ連軍捕虜の死亡率は、約五七・五パーセントときわめて高かった（Burleigh, pp. 512-513）。

一九四一年、独ソ戦の開始に先立って、ドイツ軍は古代のペルシア戦争の時ペルシア軍が通ったのとほぼ同じ経路を辿って、ギリシアへ侵攻する。テルモピュライの通過路では、ギリシアを守るニュージーランド軍とオーストラリア軍からなる連合軍を撃破した。その後ドイツは一九四四年までギリシアを占領下に置くに至る。この時期と重なる一九四一年の八月から九月にかけて、スパルタの周辺において考古学者のヴァカーノを中心として発掘が行われた。この発掘の目的はハルダーに関する章で述べたとおり、先史時代に行われたと仮定された、北方人種たるアーリア人のドーリア地方への移住を証明する点にあった。ところでヴァカーノは、中世におけるドイツ人の東方植民をスパルタ人によるメッセニアの占領に譬えていた（Sparta, S. 8f. 第Ⅰ部第二章第三節、「「精神史研究所」における活動」参照）。したがって彼にとってスパルタ周辺での発掘は、（ソ連などへの）占領政策と間接的に関わり、それを歴史的に正当化するものとなったのである。

第五節　スパルタへの関心の高まり

第三帝国におけるスパルタを参照項とした世界観・政策は、一九三〇年代のドイツでのスパルタへの関心の高まりという背景を踏まえることで、よりよく理解できるであろう。以下、第三帝国におけるスパルタへの関心の高まりを、学者・詩人の言説、人口に膾炙したスパルタ像という主に二つの観点から検討してゆく。

学者・詩人の言説

一九三三年にナチ党が政権を掌握した後、ドイツの人文主義者の間では時代の転機を迎えたという意識から、新体制における古典語教育・古典研究のあり方をめぐって、多くの綱領が著された。その際スパルタは模範として注目を浴びた。例えばエーバーハルト「古代と我々」の中には、次のようにある。「突撃隊とヒトラーユーゲントによる行進の歩調は、とりわけ古代ギリシアの生のあの側面の覚醒を我々に意味する。かかる側面は、スパルタの男性や若者の共同体、そしてギリシア都市の価値秩序の中に示されていたのである」(Eberhardt 1935b, S. 115)。この「古代と我々」は、「古代学の新しい方向付けの基準たるべきとの印象を喚起した」(Losemann 1980, S. 33)。「古代と我々」を模範として仰いだ綱領の中で、スパルタへの誓約を行っていない綱領はほとんどなかったことをローゼマンは指摘している(Losemann 1998, S. 123)。

一九三五年には、『スパルタの精神』という書物が刊行された。この書物はプルタルコス、ヘロドトス、トゥキュディデス、クセノポンなどの筆を通して、スパルタ人の歴史的な業績、国制、人倫をわかりやすく説明することを目的としている。これは、先に触れた『スパルタ——北方の支配層による生をめぐる戦い』の前身とも言える。本書は「国家社会主義の運動によって権威と自発的な服従という理想が再び称えられるようになった」(Willing, S. VII) ことを背景に、「我々の公共図書館、青少年図書館、学校図書館に受け入れられる」(ebd.) ことを目指している。

教育や学問の世界においてスパルタが多く論じられる際に最も重要な役割を演じたのは、ベルヴェである。彼は一九二七年から四三年にかけてライプツィヒ大学、一九四三年から四五年にかけてミュンヘン大学で古代史の教授を務めた（一九四〇年から四三年にかけてはライプツィヒ大学の学長）。ベルヴェは一九三七年、『スパルタ』という著作を上梓した。同書は、彼が一九三一年に刊行した『ギリシア史』において述べたスパルタ観を敷衍したもので、多くの人に読まれた。『スパルタ』の序文には、次のようにある。

古代世界の現象の中で、今日スパルタ国家ほど広く生きた関心に出会う現象は稀であろう。若者の教育、共同体精神、軍人的なライフスタイル、個々人の（共同体への）組み入れと英雄としての実証、つまり我々（ドイツ人）自身に新たに生じた課題と価値が、ここ（スパルタ）では明晰に形成され、妥協の余地なく実現しているように見える。こうした明晰さや妥協のなさは、かかる無二の創造的な国家に沈潜するよう、（ドイツ人に）呼びかけるのである。(Berve 1937, S. 7)

この引用部においては、スパルタの様々なあり方が第三帝国にとってアクチュアルであることが、簡潔に記されている。本章第三節（一三九頁）で引いた、『スパルタ――北方の支配層による生をめぐる戦い』中の「同志への呼びかけ」との類似が、目を惹く。

さらに人文主義者によるスパルタ受容の例としては、イェーガーを無視できない。彼は『パイデイア』第一分冊において「スパルタの国家教育」や「テュルタイオスによるアレテーへの呼びかけ」について論じ、古えの貴族の教育をポリス文化という土台へ置き換える上で、スパルタの教育の重要な役割を認めている。ただしイェーガーは、スパルタの教育を最高のものとして賛美したわけではない。彼は以下のように述べている。「プラトンは『法律』の中で、次のように要求する。すなわち理想国家にあって、勇敢さを最高のアレテーとして称賛するテュルタイオスの詩は「改作され」、勇敢さの代わりに正義が据えられねばならない」(Jaeger 1936, S. 149)。イェーガーはこうしたプラトンの試みについて、『パイデイア』第二、第三分冊において詳説している。

スパルタはまた、保守革命およびその周辺に位置する詩人の関心も惹いていた。ルードルフ・ボルヒャルト(一八七七—一九四五年)は一九二〇年代の末期ピンダロス(前五一八頃—前四三八年頃)に関心を抱き、彼の作品の翻訳や解説、講演を行っていた。その際ボルヒャルトはピンダロスがドーリアを代表すると考え、イェーガーと一時期、親しく交わった(イェーガーは、ボルヒャルトによる貴族的な「ドーリア人の啓示」(Borchardt, S. 43)について語っている)。ゴットフリート・ベン(一八八六—一九五六年)は、ヒトラーが権力を掌握した後の一九三四年、エッセイ「ドーリア人の世界——権力と芸術の関係をめぐる考察」において、スパルタを雄弁に賛美していた(ベンによれば、このエッセイはハインリヒ・カミンスキー(一八八六—一九四六年)のオーケストラ作品「ドーリアの音楽」(一九三四年)に触発されたという(Losemann 1998, S. 128))。ベンの文章からの一節を以下、引用する。

しかし最も意義に満ちているのは、彫刻におけるスパルタ的、アポロン的なものであろう。彫刻芸術は最初は木、それから青銅、象牙、大理石を素材として、遠くから段階的に、徐々に美しい身体を陶冶してゆく。これこそドーリア的、ギリシア的な世界の展開である。最初は純粋に自然を模倣し、委託と命令から成立した。やがて素材から、永遠の素材である石から法則を引き出す。錬成場や競技場において学ばれた裸像の解剖学は、いつしか（作者の）目がきわめて正確に所有するものとなり、今や内面の顔が現実をあらゆる偶然的なものから解放し、勝者と神々の輪郭が自由に立ち上る。ギリシアのあり方はますます強力に、英雄的になる。(Benn, S. 284)

右の引用部においては、まず彫刻およびギリシアの代表的な神の一つであるアポロンとスパルタとの関連が述べられている。そしてスパルタの彫刻の生成、その特徴が格調高く語られている。ここで言及したボルヒャルトやベンの芸術観は、ヴァイマル共和国の爛熟した文化への反動ないしは乗り越えとして位置付けられるものであった。

人口に膾炙したスパルタ像

第三帝国においてスパルタという名前が肯定的な含蓄を備え、親しまれた証左として、スパルタが商品の名称として使われたことが挙げられる。以下⑴、⑵において紹介するのは、一九三七年『ベルリン・イラスト入り新聞』に掲載された、綺麗に日焼けするためのクリームの広告である(Losemann 2012, p. 279)。

次に掲げた二つの広告から、第三帝国においてスパルタが健康的なイメージを喚起したことが窺われる。質実剛健、勇敢な戦士からなるとされたスパルタは、第三帝国の少なからぬ人に目指すべき夢と映ったのである。

(1) スパルタクリームを塗って、小麦色《ブラウン》の肌になろう（1937年5月13日。Berliner Illustrierte Zeitung, S. 685）

(2) 同上。ブラウン（褐色）はナチ突撃隊の制服の色で、ナチスの代名詞ともなった（1937年8月12日。ebd., S. 1187）

以上で述べたような第三帝国におけるスパルタへの関心の高まりと関連して、スパルタがナチ幹部のいわば「記憶の場」となった（Losemann 2013, S. 833）ことは不思議ではない。第二次世界大戦中、軍需大臣として采配を振ったアルベルト・シュペーア（一九〇五―八一年）は一九三五年（Speer, S. 76）、宣伝大臣のゲッペルスは一九三六年、ギリシア旅行中にスパルタを訪問している（後者の訪問にはヒトラーも参加する予定であった。しかし直前に中止となった）（Losemann 2013, S. 832f.）。ゲッペルスはスパルタで大きな感銘を受け、「私はスパルタで、ドイツの町にいるかのように感じた」（Fleischer, S. 135）と述べている。

第六節　第二次世界大戦中のスパルタ受容

前節において触れたように、一九三〇年代の第三帝国においてはスパルタの積極的な受容と並行して、スパルタに対する関心の高まりが見られた。これを背景として第二次世界大戦でドイツが劣勢に立たされた後、スパルタはしばしば戦意高揚のため公の場または関係者の間で引用されるに至る。それは主に第一章で紹介した、スパルタの文学に詠われた軍事面での活躍に依拠したものである。以下、その諸相を検討してゆきたい。

スターリングラードのドイツ軍将兵への呼びかけ

「テルモピュライの戦死者碑銘」は第一次世界大戦後、ドイツ兵の戦死者を称え、祖国に対する犠牲の死を顕彰するために、人文主義者の間でしばしば引用されてきた（Alberts, S. 255）。しかしそれがドイツの人々を広く捉えたのは、第二次世界大戦に入ってからのことである。

一九四二年一一月、スターリングラードでソ連軍と死闘を繰り広げていたドイツ国防軍第六軍は、ソ連軍に包囲される。空輸による補給は軍を維持するための必要量に足りず、包囲網は狭められ、飛行場も奪取され、一九四三年一月末には降伏するか全滅するか、という窮境に追い込まれる。そういった中でドイツ帝国元帥にしてドイツ空軍総司令官ゲーリングは、ヒトラーの帝国宰相任命一〇周年を記念して一月三〇日、ドイツ国防軍の高官を前にラジオ演説を行った。この演説の中で彼は、スターリングラードで包囲されたドイツ国防軍第六軍を、テルモピュライにおけるかつてのスパルタ兵に譬えた。

我が兵士よ。諸君の多くはヨーロッパの偉大で強力な歴史から、（第六軍が置かれた状況と）似た例を聞いたことがあるだろう。数は少なくとも、結局のところ行為それ自体に違いはない。二五〇〇年前、ギリシアの狭隘な（テルモピュライの）通過路に、レオニダスという並外れて勇敢で大胆な男がいた。彼は、その勇敢さと大胆さで名高い種族から、三〇〇名のスパルタ市民を配下として従えていた。（ペルシア軍という）圧倒的な多数が、この小さな群れへ新たに攻撃を繰り返した。空は、発射された多くの矢で暗くなった。当時も、ここ北方人のところで、東のアジアから殺到した群れが阻止された。（ペルシア王の）クセルクセス（一世、前五一九頃―前四六五年）には、途方もない数の戦士が用意されていた。しかし（スパルタの）三〇〇名の男たちは、堅忍不抜であった。彼らは勝つ見込みのない戦いを、最後まで戦い抜いた。勝つ見込みはなかったが、意義がなかったわけではない。ついに最後の男が戦死した。この狭隘な通過路に、次のような（シモニデスによる）文章が残されている。「旅人ヨ、スパルタノ地ニ赴カバ、彼ノ地ノ人ニ告ゲ知ラセヨ、我ラ国法ニ従ヒ、ココニ倒レ伏スヲ、汝ハ見タリ、ト！」我が同志よ、三〇〇名の男たちがいた。何千年もが経過した。そして今日、（スターリングラードにおける）あの戦いとあの犠牲は、並外れて英雄的で、兵士としてのあり方の最高の範例と相変わらず見なされている。いつか我々の日々の歴史において、次のように言うことになるだろう。「ドイツノ地ニ赴カバ、彼ノ地ノ人ニ告ゲ知ラセヨ、我ラ（ドイツ兵は）国法、我々ノ民族ノ安全ノタメノ法ニ従ヒ、スターリングラードニ倒レ伏スヲ、汝ハ見タリ、ト」。諸君の誰もがこの法、つまり祖国ドイツのために死ぬという法を、胸中に抱いている。それは、ドイツの生がかかる要求を諸君に掲げる場合だ。[4]（Wieder, S. 327f.）

かつてテルモピュライの戦いにおいては、スパルタ兵がギリシアを守るために玉砕した。これに倣い、スターリングラードの戦いにおいてドイツ国防軍第六軍の将兵がドイツを守るため犠牲の死を遂げるよう、ゲーリングは呼びかけた。「祖国ドイツのために死ぬ」ことが、最高の価値として称揚されたのである。この呼びかけの裏には、以下のようなメッセージが込められていた。すなわちテルモピュライの戦いでのスパルタ兵の玉砕は、「ギリシア人を勇気づけ、逆にペルシア軍に恐怖を植えつけた結果、後の（ギリシアの）勝利を演出した」（長谷川、八頁）。これと同様、ドイツ国防軍第六軍が降伏を拒否し全滅することが、ドイツのソ連に対する最終的な勝利を導くべきである、と。
　ゲーリングの演説は、スターリングラード包囲網の中にいたドイツ国防軍第六軍の将兵にも、ラジオの生放送を通して聞かれていた。この放送を聞いた一将校はゲーリングの期待とは裏腹に、その時の様子を後に次のように振り返っている。

　ヒステリックな壮麗化と称賛が無遠慮に重なり、決まり文句と嘘がぎっしり詰め込まれたこの（ゲーリングの）演説が続くにつれて、深い酔いから醒め怒った（第六軍の将兵という）聴衆の態度は、ますます敵対的になった。周囲の眼差し、振舞、言葉の中には、激しい憤怒が心の中に湧き上がったことが紛れもなく示されていた。（中略）おそらく（その場に居合わせた）全ての人は、自分たちの追悼演説を余りにも早く聞いてしまった、と感じた。（中略）（ゲーリングによる）我々の（第六）軍の苦しみに満ちた死をひどく誉めそやすこと、人間性に基づくあらゆる法に抵触する状態を不誠実に英雄化することは、私を怒りで、いやそれどころか吐き気で一杯にした。（ゲーリングの）演説の間、言語に絶して苦しむ何千人もの多くの人々の死、混沌、断末魔の苦しみのぞっとするような一連のイメージが、絶え間なく私に襲いかかった。これは、私の傍にじかにあったわけではないにせよ、かつて見たことのなかったイメージであった。こうした胸苦しいイメージは、私の魂の重荷となっていた。（中略）賛美という荘重な宣伝（からなるゲーリングの演説）は、犯罪的でディレッタント的な戦争の遂行という破局的な帰結から目を逸らし、責任という問いを決して起こさせないことを明らかに意図していた。（Wieder, S. 102f.）

ゲーリングの演説にもかかわらず、一九四三年二月二日スターリングラードのドイツ国防軍第六軍は降伏する。彼の演説は、アドルフ・ヒトラー学校における教科書『スパルタ――北方の支配層による生をめぐる戦い』の第二版（一九四三年）に収録された。民族共同体教育施設《ナポラ》においても、ゲーリングの演説のみならず「テルモピュライの戦死者碑銘」とテュルタイオスの「エレゲイアー」は、戦争が長引くにつれてますます多く引用されるようになった（Roche, p. 215, 219）。人文主義ギムナジウムにおいても事情が異ならなかったことは、第Ⅲ部で検討するハインリヒ・ベル（一九一七―八五年）の短編小説「旅人ヨ、スパルタノ地ニ赴カバ、彼ノ地ノ人ニ……」が示している。こうして戦争の激化につれて第三帝国の各種学校においては、スパルタがますます注目を浴びていった。

総力戦演説

ドイツ軍が独ソ戦でモスクワ攻勢に失敗し守勢に回らざるを得なくなって以来、ヒトラーはドイツのソ連に対する戦いを（当時ドイツの占領地域と同盟国がその大部分を占めた）ヨーロッパの防衛の名の下に正当化した。その際、かつてギリシアがペルシア戦争などに勝利を収め（今日の）ヨーロッパを守ったことに、模範が仰がれた。ヒトラーは一九四一年一二月一一日の演説で、次のように語っている。「ギリシア人がペルシア人という侵略者の侵入を阻止した時、彼らはギリシアという自らの狭い故郷ではなく、今日ヨーロッパと呼ばれるあの概念を守ったのだ。（中略）かつてギリシア人は、カルタゴ人に対してローマではなく（中略）全ヨーロッパを守った。これと同様、ドイツは今日も自らのためではなく、我々の全（ヨーロッパ）大陸のために戦っているのだ」（Domarus, S. 1797f.）。ゲーリングの演説においてもテルモピュライの戦いでのスパルタ兵の奮戦は、（ドイツのみならず）ヨーロッパの防衛という新たな文脈の中に置かれた。ドイツ軍が（ペルシア戦争時のギリシア軍とは異なり）侵略軍であったことは、等閑に付された。

　ゲッペルスも東方のソ連に対する戦いの正当性を、ヨーロッパの防衛の名の下に繰り返すに至る。その代表例は、一九四三年二月一八日ベルリンにおいて行われた総力戦演説である。スターリングラードにおけるドイツ国防軍第六軍の降伏という、戦局の悪化による危機意識に触発され、ゲッペルスは捲土重来を期し、この総力戦演説を行った。「総力戦こそ戦争を最も早く終わらせる」というスローガンの下、彼がレトリックを駆使した演説の中には、「ドイツ民族は、高貴と卑賤、貧富の差を問わず全ての人に、スパルタ人に倣った生き方を望みます」（Goebbels, S. 195）という一節が出て来る。これは、かつてルストが平時にドイツ人全体に求めたあり方（本章第三節、「ルストのスパルタ賛美」（一三五頁）参照）を、戦時に繰り返したものと言える。

第二次世界大戦末期のスパルタ利用

　一九四四年から四五年にかけてのドイツにおいて、戦局の深刻化に伴い特別攻撃隊の考えが生まれる（Gellermann, S. 42-60）。つまりＶ１号に似た有人ロケットを飛行機に装着し空中から発射し、これを人に操作させ、橋など戦略的な目標に体当たりさせ命中率を高める、生還を期すことのない部隊の編成である。この部隊はテルモピュライのスパルタ軍にあやかって、「レオニダス部隊」と名付けられるはずであった（この部隊は実際に編成されたものの、実戦には投入されなかった）。これはカール＝ハインツ・ランゲ中尉の発案による。第三帝国下の有名な女流パイロットであるハンナ・ライチュ（一九一二―七九年）の賛同を得、彼女はヒトラーへこの案の実現に向けて働きかけた。しかしヒトラーは消極的であった。

とはいえレオニダスという名前は、ヒトラーの関心も惹いていた。一九四五年二月六日、ヒトラーはベルリンの総統官邸において次のように語ったことが記録されている。

> 絶望的な戦いも、それ自体の中に熱心に見習うべき永遠の価値を持つ。そのためには、レオニダスと彼が従えた三〇〇名のスパルタ人のことを考えるだけで十分だ！　去勢された雄羊の群れのように畜殺台へ連れてゆかれることは、ドイツ人のあり方に決して相応しくないことだった。我々（ドイツ人）は絶滅させられるかもしれない。しかし、我々を無抵抗に畜殺台へ連れてゆくことはできない。(Bormann, S. 51f.)

ソ連軍によるベルリン攻撃が間近に予想されていた一九四五年三月一八日、ベルリン・オリンピックの開催において中心的な役割を演じたスポーツ行政幹部カール・ディーム（一八八二―一九六二年）は、ベルリンの帝国競技場に集まった約一四〇〇名の少年兵を前に、激越な演説を行った。彼はかねてから模範としてのスパルタについて、次のように公の場でしばしば言及していた。「男性的な時代は、スパルタ人による国家形態と生の教説に繰り返し依拠した。最後の例として、ドイツにおける新しい生の秩序を取り上げるに留めよう。今日のドイツが世界観と力とする多くのものは、古代スパルタの遺産だ！」（Diem, S. 7）後にジャーナリストとなりドイツ第二テレビ放送の編集長を務めたラインハルト・アッペル（一九二七—二〇一一年）は、右の演説を一九四五年に聞き、この演説について「（ディームが）スパルタと（祖国ドイツへの）犠牲の用意について多く語り、ドイツの敵に対する決戦に勝利を収めるよう鼓舞した」（Dokumentation, S. 105）と一九八四年に報告した。この演説が実際に行われたか否かをめぐる議論の中、ディームによるこの演説の準備と思われる文書が彼の遺稿から見つかった。その中には、「死ぬることは美しい、善きひとの己が祖国の、そのために戦って、先陣に仆れるとき」というテュルタイオス「エレゲイアー」の中の一節が引かれていた（Lennartz, S. 233）。ディームがテュルタイオスの詩句を引いたことには、一九四五年のドイツにおいてきわめてアクチュアルな意味があったと思われる。つまりテュルタイオスは、第二次メッセニア戦争にスパルタが敗北すれば、ヘイロータイ（奴隷）の報復がスパルタ市民を待ち受けていることを警告し、スパルタ市民の奮起を促した。これと同様ディームは独ソ戦でドイツが敗北すれば、ドイツ軍が多くの場合に人間扱いしなかったソ連兵の報復がドイツ人を待ち受けていることを警告したことが推測される（かかる報復は当時すでにソ連軍のドイツ占領地域で、起きていた）。これによりドイツの少年兵に、「祖国に殉ずる死」を促したのである。戦闘を拒んだ場合、彼らは敵前逃亡のゆえ容赦なく銃殺された。一九四五年四月二八日、ある記録によれば約二〇〇〇名からなるヒトラーの少年兵が、帝国競技場をソ連軍から奪回するために戦死した（Schäche, S. 123）。ところで第二次世界大戦中、ナチスによって「祖国に殉ずる死」の模範として仰がれたのは、スパルタと並んで日本であった（Koltermann, S. 97-117）。

アッペルは後に、右の演説について次のように振り返っている。

もちろん我々がどんなに濫用されたか、誤った方向へ導かれたか考えるならば、私は今日、憎しみで一杯になります。（中略）ディームは、スパルタの若者を想起し頑張り抜け、という演説を行い、ヒトラーや祖国のために犠牲の死を甘受するよう促しました。こうした全てを今日、眼前に思い浮かべるならば、私は当時、責任を負い、我々の理想主義をもてあそんだ人々を憎みます。（HITLERJUGEND, 59:28-60:14）

一九四五年四月末ベルヴェは、空襲で中心部がほぼ瓦礫と化したミュンヘンで、五月二日に公開講演を行う予告を出していた。彼は前節で触れたように、教育や学問の世界でスパルタが多く論じられる際、重要な役割を演じていた。公開講演のテーマは、スパルタに関するものであった（Losemann 2012, p. 294）。しかし四月三〇日、アメリカ軍がミュンヘンを占領したため、この講演は中止された。もしも講演が行われた場合、その内容はスパルタを鑑に徹底抗戦を呼びかけるものであったことが、推測される。

五月八日、第三帝国は降伏した。ナチスがスパルタに託した形勢挽回の夢は、成就しなかった。

第二章においてはナチズムの世界観・政策とスパルタの関わりを、人種政策、農業政策、教育政策、占領政策、スパルタへの関心の高まり、第二次世界大戦中のスパルタ受容に定位して検討を行った。スパルタはヒトラー、ダレー、ルストなどナチ幹部の関心を様々な側面から惹き、多くの場合、模範として受容された（優生学、「血と大地」、各種学校における教育や教科書、ラーガーというライフスタイル）。かつてのスパルタのあり方は、それを参考ないしは背景として第三帝国において政策として実施されたもの（「帝国世襲農場法」、「ニュルンベルク人種法」、T４作戦）もあれば、ほぼ実施されなかったもの（「東方総合計画」）もあった。これに対してスパルタが、反面教師として受容された場合（「生命の泉」）もあった。第二次世界大戦中、スパルタの姿は戦意高揚のために動員された（ゲーリング、ゲッペルス、ディームの演説など）。ローゼマンによれば、スパルタは（ローマ帝国と並んで）「内部に対する支配を確実にするための模範的な方法、本源的な人種の純粋性が実現していた農民的な構造に基づく社会秩序」（Losemann 1984, S. 25）などの点で、「支配プログラムとして模範的な性格」（ebd.）を備えていた。

第三章　第三帝国のスパルタ受容に対する国外での賛否

スパルタを様々な点で主として模範として仰いだ第三帝国のあり方は、外国の人にはどう映っていたのだろうか。本章においては、これについて検討を行う。第三帝国でのスパルタ受容に対しては、ドイツ国外において賛否両論があった。

第一節　肯定的な見解——リシュタンベルジュ

第三帝国でのスパルタ受容を評価した人として、フランスのソルボンヌ大学でドイツ文学の教鞭を執っていたアンリ・リシュタンベルジュ（一八六四—一九四一年）が挙げられる。彼は『近代ドイツ』という著書の第二版（一九三七年）において、「スパルタ主義」という章を追加している。この章の中でリシュタンベルジュは、ドイツにおけるスパルタ主義すなわちスパルタ崇拝の成立を、ドイツ青年運動の延長上から捉えた。つまり富や快適さを追求し、自然や大地から疎外されている市民《ブルジョワ》に対する反感から、第三帝国のスパルタ主義が生まれた、という。そして第三帝国の教育体制とスパルタの教育体制との類似を指摘し、次のように述べる。

（ドイツの）若者の集会を見学し、労働キャンプを訪問し、あるいはニュルンベルクの（国家社会主義ドイツ労働者党の）党大会のような公共の実地宣伝に参加した後ドイツから帰ってきた外国人は、ドイツ人の生活は活性化したという強い印象を持つ、と私は言えるに過ぎない。（中略）最後に私は、（第三帝国の）スパルタ主義は決して精神の遅鈍を意味しない、ということを強調したい。私にとって、ドイツが突然、野蛮人の国になったと信じるのは難しい。（中略）スパルタ主義を野蛮と見なし、スパルタ主義が備える精神的な価値の多くを認めないことは、スパルタ主義に関する留保がどのようなものであろうとも、極端で愚かな独断論、イデオロギーであろう。
(Lichtenberger, pp. 181-183)

右の引用部は、第三帝国におけるスパルタ受容が多くのドイツ人にとって夢としての側面を持っていたことを、よく表している。この引用部の後半においてリシュタンベルジュは、おそらくベルリン・オリンピックの開催に対して行われたボイコット運動を念頭に置いている（パリは、その中心の一つとなった）。この文章が発表された後のドイツにおけるスパルタ主義の展開を振り返ると、精神の遅鈍や野蛮の表れという面があったと言わざるを得ない。したがって一九三七年当時、ナチズムの野蛮性がおおむね顕在化していなかったとしても、リシュタンベルジュのドイツ文学研究者としてのドイツへの愛や贔屓目が、ドイツの現実や将来への洞察を曇らせたと言えるのかもしれない。彼は右の引用文中の「スパルタ主義が備える精神的な価値」として、スポーツ教育の重視、犠牲への意志、自己抑制といった点を挙げている。

第二節　批判的な見解——エーレンベルク

エーレンベルクのスパルタ観

他方、第三帝国におけるスパルタ受容を、外国から批判的に捉えた人々もいた。その代表は、古代史家のヴィクトール・エーレンベルク（一八九一―一九七六年）である。彼はユダヤ系のドイツ人であり、一九二九年からチェコスロヴァキアのドイツ・プラハ大学で古代史の教鞭を執っていた。エーレンベルクはすでに一九二〇年代にスパルタに関する研究を始めており、次の引用に見られるように、スパルタの偉大さを認めるのに吝《やぶさ》かではなかった。「こうした（スパルタの）人間の一面的なあり方は、その偉大さでもある。訓練された男らしさという理想が、この（スパルタにおける）ように純粋に実現されたことは、かつてなかった」（Ehrenberg 1929, S. 1383）。しかしエーレンベルクはナチ政権成立後の一九三四年、「全体主義的な国家」というタイトルでプラハにおいて行ったラジオ放送の中で、スパルタを批判するに至った。以下、彼によるスパルタ批判を紹介する（彼は後にイギリスに亡命し、この放送の内容は第二次世界大戦終了後の一九四六年、初めて活字として公にされた)。

こうした(スパルタ市民の血を引く男女の間で生まれた子供しか原則として嫡子として認めない)仕方によってスパルタは、——意図することなく——自らの市民の下でかなり純粋な「人種」を保ちました。戦士からなる小さな(スパルタ)民族は、実質的な変化をことごとく実践的に締め出した一種の人為的な優生学によって、自らの生物学的な存続を慮りました。ひょっとしてこれこそ、スパルタが短期間に没落した決定的な原因だったのかもしれません。(Ehrenberg 1946, S. 222)

この引用部で、スパルタは(ヒトラーがそう捉えたような)人種国家と見なされている。ここから、エーレンベルクがスパルタに第三帝国を投影していることは明らかである。第三帝国は、ナチズムの宣伝によれば「千年王国」と称された。しかしエーレンベルクはかかるナチスによる自己理解とは裏腹に、第三帝国は「一種の人為的な優生学」を奉じるがゆえに、短期間のうちに没落する可能性を仄めかしている。

テルモピュライの戦いで「国法ニ従ヒ」戦死した三〇〇人は、かかる(スパルタ的な)人間類型を永遠に証明する存在です。もっとも我々は、彼らの英雄精神が自由な決断に基づいたわけではなく、服従、伝統、なかんずく恐怖によって強制されていたことを、決して忘れるべきではない

でしょう。(ebd., S. 223)

アリストテレスは、次のように述べている。「市民が危険に際して踏みとどまるのは、法律によって課される刑罰やひとびとから加えられる恥辱を恐れるがゆえ」(アリストテレス、九一頁)にである。エーレンベルクはこの一節を念頭に置き、ナチスが後に「テルモピュライの戦死者碑銘」を戦意高揚のため利用することに対して、予防線を張っていたかの如くである。

スパルタは比較的後の時代になってから、ギリシアにおける全国家の中で唯一、イスラエルの国家および民族と友好的で度重なる関係を結びました。ひょっとしてスパルタ人は——自らの神聖で、人為的に守られた法《ノモス》を誇りに思い——、イスラエルの中に、ユダヤ人の(スパルタ人と)同様に厳格で神聖な法律の下に、(自らと)似たライフスタイルを見出した、と考えたのかもしれません。(Ehrenberg 1946, S. 225)

ユダヤ人はアブラハムの孫ヤコブの末裔である一方、スパルタ建国の祖はアブラハムが奴隷女ハガルまたは後妻ケトラとの間に儲けた息子に遡る、という言い伝えがあった(Rawson, p. 168)。この伝承が正しければ、ユダヤ人とスパルタ人は共通の血を引く、ということになる。スパルタがイスラエルの国家と交流したのはヘレニズム時代、前三世紀から前二世紀にかけてのことである。旧約聖書の外典に、イスラエルの大祭司ヨナタン(?—前一四三年)がスパルタに手紙を送り、(ローマに対抗するため）同盟関係を結んだ、という記述がある。ところがナチスにとってユダヤ人は劣等民族の代表、つまりヘイロータイと同等ないしはそれにすら値しない排除すべき民族であった。したがってエーレンベルクによる「スパルタ人とユダヤ人の親縁性」のテーゼは、ドーリア人の北方起源説、「スパルタ人とゲルマン人の親縁性」に依拠したナチスにとって、不都合な指摘であった（イェーガーも同様の「スパルタ国家とモーセの社会秩序の親縁性」について、渡米後の一九三八年ではあるが、述べている（Jaeger 1960c, Bd. 2, p. 183)）。

アテナイの民主主義が没落し崩壊した後ですら、そこから偉大な精神の持ち主が生まれました。これに対してスパルタは前六世紀以降、芸術家、詩人、思想家を誰一人として輩出しませんでした。（中略）（極端な国家類型と人間類型を生み出したという）スパルタとスパルタ市民の偉大さは、否定できません。しかしあらゆる権威主義的で全体主義的な国家にあってこうした初の、最も壮麗な（スパルタ）国家の中で、創造的な生の泉は完全に干上がってしまいました。スパルタの運命は、以下の我々の確信を裏付けます。すなわち強制と服従――それはあらゆる国家生活が必要とする手段ですが――は、真の共同体の建設を目指す人間の骨折りにとって、十分な目的とは決してなり得ない、ということです。スパルタは、我々が模倣すべき模範を築き上げませんでした。それはむしろ、我々が避けなければならない危険を警告しているのです。(Ehrenberg 1946, S. 227f.)

この引用部の冒頭で、前六世紀以後のスパルタにおいて学芸のレベルが低かったことが述べられている。これと同様、第三帝国においても、ナチズムに批判的なドイツ人の学者・芸術家、ユダヤ系の学者・芸術家が公職から追放され、その多くが第三帝国を脱出した後、学芸のレベルは全体として低下するに至った。さらにこの引用部では、スパルタの（第三帝国に通ずる）「権威主義的で全体主義的な国家」としての性格が、模倣すべき模範であるよりも、むしろ避けるべき危険であることが警告された。「強制と服従」に「真の共同体の建設を目指す人間の骨折り」を対置する考えには、エーレンベルクの信条が吐露されている。右の警告に耳を傾けずスパルタを主に模範として受容した第三帝国は、わずか一二年のうちに滅びたのであった。

エーレンベルクは、スパルタを「全体主義的な国家」として捉えた。彼のスパルタ観は後から振り返ると、スパルタを主に模範として受容した第三帝国に対する抜本的な批判となっていたことがわかる。

ベルヴェとエーレンベルク

第二章において触れたベルヴェと、第三章において触れたエーレンベルクという二人の古代史家は、共にスパルタを研究対象とした。その際、彼らはスパルタ観や史観について、対極的な見解を取るに至った。第I部においては、「第三の人文主義」による古代ギリシアという規範の再建（イェーガー、ハルダー）、歴史学的‐実証的な研究の推進（フリッツ、スネル）という学問的な関心が、彼らのナチズムとの関わり方に反映されていることを示した。これと似た関わりがベルヴェとエーレンベルクにおいても、スパルタ観や史観をめぐって確認できることを、跡付けてみたい。

一九世紀において考古学による発掘や歴史学的‐実証的な研究の発達、交易や植民地化の進展などから、ヨーロッパ人の精神的な地平は拡大した。その結果、古代ギリシア・ローマを絶対的な規範と見なすのではなく、他の文化・文明との比較から普遍史的に捉える史観が生まれていた。古代史における普遍史的な研究の代表者は、ベルリン大学教授のエドゥアルト・マイヤー（一八五五―一九三〇年）である。彼は、古代史を世界史の一部として把握した。普遍史的な研究の流れは古代ギリシア・ローマという規範の相対化を促し、第一次世界大戦の経験による伝統的な価値の動揺と相俟って、いわゆる「歴史主義の危機」へと連なった。

かかる歴史学的‐実証的、普遍史的な研究への反動として、一九二〇年代のドイツの古代史家、人文主義者の間では、古代ギリシア・ローマの本質を問い、その規範性の（従来とは異なる形での）復権が大きな流れとなりつつあった。ベルヴェなどによる古代ギリシアに関して（アジアのイオニアの影響が濃い）アテナイよりもむしろスパルタに注目する研究、イェーガーを中心とする「第三の人文主義」は、その代表である。

こうした中でエーレンベルクは二〇世紀前半のドイツの古代史家にしては珍しく、古代ギリシア・ローマを世界の他の文化・文明との比較から普遍史的に捉える視座を堅持していた。彼は『東と西』（一九三五年）所収の章「普遍史または古代学？」において、「しかし最近行われているような、普遍史一般を乗り越えられた観点として考察し、お払い箱とする試みに対しては、然るべき疑念が残る」（Ehrenberg 1935, S. 2）と述べている。「スパルタ人とユダヤ人の親縁性」への着眼も、彼による普遍史的な関心から生まれてきたと思われる。同様の関心からエーレンベルクは、ナチズムが唱えた「北方人種の神話」を明確に否定している。「この場で言わざるを得ないのは、北方人種の働きに関する教説には、歴史的な真理の核心が僅かに基づき得るが、その強引で単純化された図式は真の歴史的な問題性に何ら値せず、それゆえ先入見から自由な学問的な思考にとって、世界史的な意識の土台を形成するには全く不適切に見えることである」(ebd., S. 9f.)。ここでエーレンベルクは、フリッツによる「忠誠宣誓」の拒否、「学問・大学の自由」の擁護と近い場所にいる。

　同時代の支配的な研究潮流に棹さして(ドイツと人種的に似ているとされた)古代ギリシア・ローマの卓越性の復権を主張したのが、ベルヴェである。彼は、「古代オリエントの文化史に寄せて」(一九三五年)において、「普遍史は引退しなければならない。それは価値が強調された国民史にとって、引き立て役つまり背景たらざるを得ない」(Berve 1935, S. 220)、「本質的に異なる人種民族の固有性を理解しようとすることは、実際に最大の困難に突き当たるということ、いやそれどころかそういった理解はほとんど不可能であると、私はここで主張したい。我々はモロク神を崇拝するカルタゴ人の思考や感情に身を置き移すことはできないし、ギリシア人の文化に強く触れたハンニバル(前二四七—前一八三/一八二年)ですら、我々にはその核心が異質で疎遠である」(ebd., S. 228)と述べた。ベルヴェはエーレンベルクによる(スパルタという)「新国家の創設者」(一九二五年)、『東と西』に対して、批判的な書評を著している。

　片や亡命を余儀なくされたユダヤ系ドイツ人、片や第三帝国における名門大学の学長という、境遇が大きく異なるに至ったこの二人の古代史家は、第三帝国に対して対照的な態度を取った。こうした相違は、両者のスパルタ観や史観の中に反映していたのである。

第四章　第三帝国のスパルタ受容に対する国内での批判

第三帝国におけるスパルタ受容は国外で関心を惹くのみならず、国内の少数派から批判的に捉えられていた。そういった中から、シュテファン・アンドレス（一九〇六―七六年）（第一節）、「白バラ」の抵抗運動（第二節）、ヒトラー暗殺未遂事件の周辺（第三節）を取り上げ、第三帝国でのスパルタ受容に対する批判を検討する。

第三帝国のすでに早い時期から、スパルタはドイツ国内において批判的に捉えられる場合があった。その例は、第I部の補論で触れたヴァインシュトック『ポリス』（一九三四年）である。同書はナチ政権下、発禁処分となった。同書の中には、スパルタに関して次のように述べた箇所がある。

今日スパルタに関心を抱く人は、以下の二点を明確に認識している必要がある。（第一に）彼が絶対的な軍事国家のために全体的な戦時体制化を望むなら、生を豊かにし美しくする全て、全てのより充実した人間のあり方、すなわち文化、人間のより高い尊厳を、断念せざるを得ない。第二に、——こちらの方が重要なのだが——スパルタ的な反動はおそらく文化的な生を圧殺した。しかしだからといって、国家を救わなかった。「ドーリア人の国家は、自らの教育体制にもかかわらず没落した。なぜなら学問的な運動を締め出すことは、最終的に所有欲と兵士の功名心という利己主義的な動機を、スパルタにおいて無制限に増長させたからである（ディルタイ—原注)」。(Weinstock, S. 65)

第一節　アンドレス

アンドレスは、カトリシズムの影響下に行われた創作によって第二次世界大戦前から同大戦後しばらくの間、ドイツで人気を博した。彼は一九三四年の春、アテナイ、ミュケナイなどギリシアへ旅行を行い、この旅行から『アステリの男』（アステリはギリシアの地名）という長編小説が成立した。この長編小説に表れたスパルタ観について考察しよう。

『アステリの男』は、一九三七年『フランクフルト新聞』に連載された。主人公である父フランツ・グラティアンは妻殺しの嫌疑をかけられ故郷から逃亡し、自らの庶子ハンス・ブライヒャーと長い別離の後に再会し、共にペロポネソスを回る。この作品の単行本化に際して第二部に付け加えられた補論に、スパルタに関する描写がある。以下、この描写が同時代の第三帝国下でのスパルタ受容に与えた含蓄について考えてみたい。

ギリシアの旅行中、息子はスパルタで休憩するよう父に提案する。しかし父は「鉄のように鋭く冷たい声で」この提案を退け、次のように語る。

> 地球の表面から消えたこの（スパルタという）場所は、ギリシアの裏面とされている。文学者や学校教師はパン切りナイフを上手に使えないのを恥じるあまり、スパルタの短剣に感動してそれを無責任な褒め言葉で饒舌に歌に詠んだ。これによってのみ血のユンカーは、今日なおヨーロッパ諸民族の学校の歴史授業で、取り上げる価値があると見なされている。（Andres, S. 457）

第二章において触れたように、ヒトラーはスパルタをギリシアの代表と見なした。しかし右の引用部の冒頭でスパルタは「ギリシアの裏面」と見なされ、第三帝国で支配的であったスパルタ観とは対極的な認識が語られている。アンドレスは、スパルタがギリシアの中で重要でないにもかかわらず喧伝されてきた理由を、文学者や学校教師の無責任な感動に帰す（アンドレスはイエズス会士の司る学校に通ったが、同校は「スパルタ的な雰囲気」（Losemann 2013, S. 833）が支配していたという）。実際シモニデスの「テルモピュライの戦死者碑銘」およびテュルタイオスの「エレゲイアー」は、ドイツ・ヨーロッパの学校や文学で長く語り継がれてきた。次に出て来る「血のユンカー Blutjunker」とは、スパルタ市民を指している。この言葉は、ナチズムのイデオロギーである「血と大地」の「血」、プロイセンの（エルベ川東岸の）大地主「ユンカー」を結び付けたものである。すでに触れたように、民族共同体教育施設《ナポラ》の要職を務めたハイスマイヤーは、プロイセンの将校団をスパルタと並んで第三帝国の模範として褒め称えていた（第二章第三節、「各種学校におけるスパルタ」（一三七頁）参照）。この「血のユンカー」という呼称は、プロイセンの伝統の継承者を僭称した第三帝国と、スパルタとの関連を暗示している（Losemann 2014, S. 57）。

そうだ、我が子よ、次のことは学校でお前に黙して語られなかった。このスパルタは、地球にかつて存在した中で最も全体主義的な奴隷国家だ。スパルタの奴隷は、戦争で得た捕虜と隷属させられた者だった！　しかしスパルタには内戦しかなかったので――ギリシア人の真に華やかな戦場にスパルタは自らの兵を送らなかった！――、スパルタの奴隷は血縁の者だけだった！（Andres, S. 457）

この引用部においてアンドレスは、スパルタをエーレンベルクの場合と同様、全体主義的な国家としてのみならず、奴隷国家としても性格付けている。そして奴隷の内実として、「戦争で得た捕虜と隷属させられた者」が特定される。第一章、「身分の三層構造」において、スパルタ市民が第一次メッセニア戦争の結果メッセニアを征服し、先住民族であるメッセニア人を奴隷（ヘイロータイ）としたことについて述べた。これに対してアンドレスは、支配するスパルタ市民と支配されるヘイロータイは本来、血縁であり、内戦の結果、支配者と奴隷に分かれた、と述べている。

こうしたスパルタ観は、第三帝国においてどのような含蓄を持ったのであろうか。ユダヤ系ドイツ人の（婚姻などによる）ドイツ社会への同化が進む中で、反ユダヤ主義を国是とした第三帝国が成立した。これを踏まえてアンドレスは右の引用部において、第三帝国におけるユダヤ人の迫害を暗に批判した、とする指摘がある（Klein, S. 57. アンドレスの妻はユダヤ系であり、夫妻は『アステリの男』の執筆直後、第三帝国での迫害を避けるためイタリアに移住していた）。

ああ結婚、子沢山。我が子よ、気をつけるがよい！　スパルタ市民にとって結婚は神聖であった、と我々は習わざるを得なかった。――しかし彼らは服をさっと乱雑に脱いで毛布の下に潜り込み、子供、健康なスパルタ市民が生まれれば、それで万事よしとなった。しかしある民族が、是が非でも人口を増やそうとするならば、この民族の根底は腐りかけている。（Andres, S. 458）

スパルタにおいては健康な子供の出産に大きな価値が置かれ、子供の父親が母親の夫でなくともスパルタ市民であれば許され、後には放縦な性道徳が支配するに至ったことが知られている。これと同様に第三帝国では、第二章第一節（一三〇―一三一頁）で触れた「生命の泉」の設立に見られたように、優秀とされたアーリア人種の代表たるナチ親衛隊員が同じくアーリア人種の女性との間に婚外子を設けることは、公認されていた。これは少子化を主たる原因として没落したスパルタを反面教師として、ドイツ民族の人口を増やすためであった。アンドレスは右の引用部で、これに対する批判を行っていると考えられる（Losemann 2013, S. 846. 彼がその影響下にあったキリスト教において、子供は神の贈り物であって、人間が人為的に増やせるものではない）。

スパルタに関する描写の最後に、父は息子に対して次のように語る。

（スパルタにおいては）全てが国家のためにあった。そして国家は――いったい誰のためにあったというのだろう？　ふむ、これについてスパルタ人はよく考えてみることすら許されなかったし、いわんやこれを疑問に思うことは許されなかった。なぜなら、最高かつ究極のものであるスパルタを超えるものが考えられなかったし、それを考えることが許されもしなかったからだ。（中略）（なぜこんなことを語るのか、という息子の問いに対して）我が子よ、それは良い質問だ。なぜお前に、こうした血で錆びて使いものにならなくなった（スパルタの）短剣のことを長々と話すのか？　それはおそらく、お前にはスパルタ人ではなく、一人前の人間になってほしいからだ！　（Andres, S. 458f.）

この引用部の冒頭では、スパルタにおいて国家が絶対的な存在で、自由な思考が展開する余地のなかったことが述べられている。スパルタ国家の絶対視は、第三帝国の絶対視と重ならざるを得ない。そしてこの二つの国家が共に批判されている。かかる国家批判の背景には、何があったのだろうか。それはおそらく、アンドレスへのカトリシズムの影響である。カトリック教会の教父アウグスティヌス（三五四―四三〇年）はローマ帝国が滅亡しつつある混乱期、（ローマ帝国という）「地の国」と（教会という）「神の国」を対比し、後者の前者に対する優位を説いた。国家を超える権威に依拠するカトリック教会は、ナチズムの敵の一つであった。前の引用部の最後の文においては、（通常の意味での）人間性を嘲りスパルタ市民を模範とした第三帝国の教育に対して、人間性の立場から批判が行われている。

『フランクフルト新聞』の編集者は『アステリの男』の第三帝国批判という含蓄を読み取ったがゆえに、書籍としての公刊前の新聞での連載に、スパルタに関する補論を敢えて掲載しなかったことが推測されている（Sarkowicz, S. 77）。同書は検閲の網をかいくぐり、一九三九年に出版された。当時、第三帝国を直接に批判することは許されなかったので、この長編小説は第三帝国が主として模範と仰いだスパルタに対する批判を通して、間接的に第三帝国を批判した、と言えよう。

第二節　「白バラ」の抵抗運動

ハルダーに関する第Ⅰ部第二章の注7において、「白バラ」の抵抗運動とスパルタとの関連に言及した。以下、両者の関連について詳しく検討してゆく。「白バラ」のメンバーが匿名で配布した第一配布文書は、キリスト教的でヨーロッパ的な文化の成員としての責任を説き、一人一人のドイツ人がファシズムや、絶対主義国家のそれに似た体制に抵抗すべきことを訴えた。この第一配布文書の中で、「各国民は、国民が担う政府に似ていることを忘れるな」というプラトン『国家』を踏まえた警告の後に、シラー「リュクルゴスとソロンの立法」の一節が、次のように引用される。

（前略）人倫的な感情を全て犠牲にして政治的な功績が得られ、政治的な功績を実現するための

> 能力が形成された。スパルタには結婚による愛、母の愛、子供の愛、友情がなかった。——市民、市民的な徳以外のものは存在しなかった。（中略）国法はスパルタ人に、自らの奴隷に対して非人間的に振舞うことを義務とした。こうした戦いによる不幸な犠牲の中で人間性は踏みにじられ、価値なきものとされた。スパルタにおける法典それ自体の中で、人間を目的ではなく手段と見なせという、危険な原則が説かれた。——これによって、自然法と人倫性という確固たる基礎が合法的に取り壊された。（中略）（リュクルゴスの—原注）国家は、国民の精神が停止状態にあるという条件においてのみ、存在し続けることができたのだろう。それゆえかかる国家は、国家の最高で唯一の目的を捉え損なうことによってのみ、維持できたのである。（Lill, S. 194f.）

この引用部においてスパルタは第三帝国のいわば祖型とされ、アンドレスの場合と同様、この二つの国家における国家の絶対視が批判されている。ただしシラーは、国家を超えた存在を自然法、人倫性、人間性と見なし、啓蒙主義の影響が認められる。右の引用部における市民とは、（国民から区別された市民ではなく）国家公民つまり国民のことである。シラーはスパルタにおける身分の三層構造を念頭に置き、スパルタ市民による奴隷（ヘイロータイ）への非人間的な処遇の中に、（キリスト教的な）愛、近代における啓蒙思想の否定を見出している（「人間を目的ではなく手段と見なせ」とは、シラーが私淑したカントの定言命法の中で説かれた、「君が人間を、君の人格においても、どの他者の人格においても、決して単なる手段としてではなく、常に目的として必要とするように行為せよ」（Kant, S. 66f.）という命題を転倒したものである）。「白バラ」はシラーの作品の一節を引用することで、第三帝国の人種政策によるユダヤ人や東部の占領地域の住民への弾圧を批判していると考えられる。右のような国制や思想統制の結果「国民の精神が停止状態」にあることは、スパルタや第三帝国のような国家が存続する条件とされている。

こうして「白バラ」のメンバーは、（シラーがその代表者の一人であり、キリスト教と啓蒙主義が融合した）ドイツの新人文主義の伝統からの逸脱として、第三帝国のスパルタ崇拝を批判したと考えられる。

第三節　ヒトラー暗殺未遂事件の周辺

前節、前々節において取り上げたスパルタ批判は、スパルタそれ自体を価値のないものとして否定し、それを主として模範として仰いだ第三帝国への批判を意図するものであった。ところでスパルタは、それを批判した人が考えたように、全く価値のないものだったのだろうか。第三帝国におけるスパルタの夢は、幻だったのだろうか。

『アギスとクレオメネス』

一九四四年七月二〇日のヒトラー暗殺未遂事件を実行したのは、ドイツ国防軍大佐クラウス・シェンク・グラーフ・フォン・シュタウフェンベルク（一九〇七―四四年）（以下クラウスと略）である。周知のように彼は、ヒトラーの作戦本部に爆弾を仕掛けた。クラウスには双子の二人の兄がいた。双子の兄の一人はベルトルト・シェンク・グラーフ・フォン・シュタウフェンベルク（一九〇五―四四年）（以下ベルトルトと略）といい、外交官の道を歩み、弟クラウスの暗殺計画を支援する。彼は暗殺計画が失敗に終わった後、逮捕され、処刑される。逮捕された後ベルトルトの仕事場において、彼が校訂したホメロスの翻訳と並んで、スパルタと関係する本の原稿が発見された。それは『アギスとクレオメネス』という、プルタルコス『英雄伝』第二一巻からの抜粋に、自由な脚色を加えたものである。書名になっている二人は第一章の終わり（一二四頁）において触れたように、前三世紀のスパルタ王である。彼らは貧富の差が拡大し堕落しつつあったスパルタの改革を志し、リュクルゴスの国制へ回帰しようと試み、非業の死を遂げた（この二人はプルタルコス『英雄伝』において、ローマのグラックス兄弟と比較されている）。『アギスとクレオメネス』が、この二人のスパルタ王の事績を顕彰するために著されたことは、以下の事実から明らかである。すなわち同書の冒頭には、ヘルダーリン『ヒュペーリオン』（一七九七―九九年）からの、この二人の王を半神として称える言葉が引用されている。

『アギスとクレオメネス』という抜粋本は、一九四四年、暗殺未遂事件の前に出版された。本書の冒頭には、編者ヴィクトール・フランクが一九四三年二月二六日に（ソ連の）スタラヤ・ルッサで戦死、とある。彼は彫刻家フランク・メーネルト（一九〇九―四三年）の仮名で、シュタウフェンベルク兄弟と同様ゲオルゲ・クライス[1]に属し、彼らと交流があった。この書物の原稿がベルトルトの仕事場で発見されたことから、彼が同書を刊行する指揮を執っていたことが明らかになった。ここで、なぜベルトルトがスパルタのアギス四世とクレオメネス三世に関心を寄せたのか、問われねばならない。その理由として、この二人のスパルタ王が、ヒトラーに対する抵抗のモデルとして考えられていたことが推測されている（Losemann 2012, pp. 295-296, Hoffmann, S. 165f., 518f.）。

スパルタ主義が備える精神的な価値

これまでの検討を振り返ると、スパルタが第三帝国の人種政策、教育政策、占領政策、戦意高揚の模範として仰がれてきたこと、その多くが否定的な結果を生んだことは明瞭である。しかし他方でスパルタを模範として仰いだ第三帝国の農業政策（貧富の差の拡大の阻止を目的とする、土地分割の禁止）、自給自足体制あるいはスパルタ市民の戦士としての徳目の中に、学ぶべき点があるのも確かである。ダレーは古代ギリシアと中国における祖先崇拝を褒め称え、「世界のある場所で、リュクルゴスと孔子はある意味で統一された。それは、侍の時代の日本においてである」（Darré 1940, S. 89）と説いている。実際にプルタルコス『英雄伝』の中には、「逃げる敵は追わない」など武士道の教えと似た、スパルタの教えが散見される（プルタルコス、八八頁）。スパルタ市民がスパルタにおいてのみ通用する鉄の貨幣を使用したことは、昨今、注目を浴びている地域通貨の先駆けとも言えるであろう。これらに代表されるスパルタの質実剛健、評価すべき点を、リシュタンベルジュは「スパルタ主義が備える精神的な価値」（第三章第一節（一六二頁）参照）と名付けていた。

ここで述べたようなスパルタの肯定的な特徴を顧慮すると、第三帝国におけるスパルタ受容は一面的なものであったと言わざるを得ない。第三帝国は、生存圏の確保を理由に東方の侵略を行った。他方スパルタが戦争を行うのは、（第一次メッセニア戦争を除いて）主に防衛の時に限られていた。また第三帝国には、ヒトラーという絶対的な権力を持つ独裁者がいた。一方スパルタは頂点に二人の国王を戴き長老会が大きな権力を持つ、混合政体であった。

さてベルトルトのスパルタ受容に戻ると、第三帝国のスパルタ受容がおおむねナチスの支配や蛮行を正当化するために濫用されたとしても、だからといってスパルタの理想それ自体を一概に否定してよいのか、という想いが彼の中にあったと思われる。ベルトルトもその一員であった、一九四四年七月二〇日のヒトラー暗殺計画グループはゲルデラーを中心とし、いわゆる国民保守派からなるとされた。彼らは共産主義や社会民主主義に基づく反ヒトラー・グループとは異なり、ドイツ・ヨーロッパの本来の伝統へ戻ることによるドイツの再建を目指していた。これは、「第三の人文主義」の圏内にいたポーピッツが、ゲルデラー・グループへ参加した点に表れていたとおりである（第Ⅰ部第一章第三節、「「第三の人文主義」とナチズムの確執」参照）。ベルトルトが、本来のスパルタとナチスに濫用されたスパルタを区別し、前者に戻ることにより後者に対する批判を企図したという考えは、彼自らが属した国民保守派の伝統主義的な志向からも首肯できる。

第三帝国においては第二次世界大戦中、書物の刊行が制限されていた。こうした時代状況の下、官製のスパルタ崇拝の高まりにより、スパルタに関する書物の刊行は比較的容易であったことが想像される。ベルトルトはおそらくこれを利用して、『アギスとクレオメネス』という書物を刊行した。しかしその刊行の意図は、いわば異端のスパルタ王に仮託して、官製のスパルタ崇拝および第三帝国を批判するものであった。

第三章、第四章においては、第三帝国のスパルタ受容に対する国外での賛否、国内での批判を検討してきた。リシュタンベルジュによる第三帝国のスパルタ受容への評価の中には、外国人の目に映ったスパルタの夢がよく表れていた。第三帝国のスパルタ受容に対する国内外の批判からは、人種政策（エーレンベルク、アンドレス、「白バラ」）、教育政策（アンドレス）、思考の抑圧（アンドレス、「白バラ」）に対する批判が行われたことが明らかとなった。思考の抑圧は、「学問・大学の自由」の制限と密接な関わりがあった。彼らが第三帝国におけるスパルタ受容を批判する際、アテナイ（エーレンベルク）、キリスト教（アンドレス、「白バラ」）、啓蒙主義（「白バラ」）、本来のスパルタ（ヒトラー暗殺未遂事件の周辺）が、批判の支点として重要な役割を果たした。ナチ体制に批判的であったこうした一部のドイツ人にとって、第三帝国におけるスパルタ受容は一種の悪夢に映ったに違いない。

小括

第Ⅱ部のまとめとして、第三帝国においてスパルタ崇拝が高まった思想史的な経緯を、一五世紀に遡って考察したい。第三帝国におけるスパルタへの関心は、ドイツ人によるアイデンティティーの模索、ドイツとの親縁が前提された古代ギリシアという規範への注目、ドイツの国家・社会を取り巻く状況の変化から理解できると思われる。

古代ギリシアという規範、古典期への注目

一四五五年、タキトゥス『ゲルマーニア』の写本が発見された。同書に描かれた（堕落したローマ人とは異なる）質実剛健なゲルマン人の姿は、人文主義者の手を通して当時のドイツ人に紹介された。そして宗教改革でローマ・カトリック教会に対して戦うに至った、プロテスタントのドイツ人の肯定的な自己理解を助けた。ゲルマン人の姿は特に一九世紀後期以降の民族主義的な運動の中で、改めて注目されるに至る。

一八世紀後期から一九世紀初期にかけてのドイツにおいては、古典主義の創造が花開いた。それはとりわけ古典期の古代ギリシアを創作の源泉としており、ここから「ギリシアとドイツの親縁性」というテーゼが生まれた。古代ギリシアの規範性はおおむね人間性の中に求められ、人間性の中にはキ

リスト教の神性や啓蒙主義の理性が投影された（これは新人文主義者フリードリヒ・イマニュエル・ニートハンマー（一七六六―一八四八年）の人文主義観の中に、如実に表れている（曽田 二〇一六、一一三―一一八頁））。「ギリシアとドイツの親縁性」の根拠は人間性のみならず、言語など文化の中にも求められ、ドイツ人が古代ギリシアを模範として個人かつ国民として自己形成を遂げることが期待された。この「ギリシアとドイツの親縁性」は「ローマとフランスの親縁性」に対置され、さらに古代ギリシアを根源とするドイツ文化のキリスト教、（オリエント・アジアなど）非ヨーロッパの文明に対する優位を基礎付けた。ところで古代ギリシアには、アテナイとスパルタという二つの代表的なポリスが存在した。その際アテナイは主に学問や芸術、スパルタは主に軍事や教育という側面から関心を惹いた。ドイツの新人文主義の流れを汲む古代ギリシアの受容においては、人間性が理想として追求されたことから、おおむねアテナイがドイツの文化的な模範として注目され、スパルタはむしろ忌避された。それは例えば、シラーの講演「リュクルゴスとソロンの立法」が示すとおりである。この講演においてシラーはスパルタとアテナイの立法者を比較し、後者を高く評価したのであった。スパルタとアテナイに関する同様の評価は、ヘーゲル（一七七〇―一八三一年）においても見られる。

ミュラー、ニーチェ、前古典期への注目

こうしたアテナイの高い位置付け、「ドイツとアテナイの親縁性」は、（祝賀演説など）公の場を通して、第一次世界大戦に至るまでおおむね保たれるに至る。しかし新人文主義に端を発する歴史学的―実証的な研究によって、アテナイの政治的・経済的な混乱や奴隷制など、近代の観点から規範的で

も人間的でもない姿が、すでに一九世紀初期に指摘され始めていた（アウグスト・ベーク『アテナイ人の国家財政』（一八一七年）を参照。後にヤーコプ・ブルクハルト（一八一八—九七年）の『ギリシア文化史』が、こうした側面を改めて描いた）。そうした中でベークの弟子ミュラーは、自らが計画した「ギリシアの部族と都市の歴史」の一部として『ドーリア人』を一八二四年に刊行し、スパルタへの関心を喚起した。

『ドーリア人』の序文には、次のようにある。「本書の課題は、ギリシアの国民生活という有機体において、中心要素をなす部族の中から（ドーリア人という）一部族に注目し、この部族を外的な状態や生活環境、とりわけその精神的な本質と生において認識し、描くことを要求した」（Müller, K., Bd. 1, S. V)。こうした課題設定からミュラーは、スパルタというドーリア人国家の概念一般を説明しようと試み、ドーリア人のあり方を、アテナイがその影響下にあったアジア的なイオニア人のあり方から区別した。すなわちミュラーは、同時代の新人文主義の影響下にある人間性に依拠する見方によってはスパルタの本質を理解できないと主張し、スパルタの貴族主義的な性格とアテナイの民主主義的な性格との相違を際立たせた。彼によれば、スパルタは（アテナイとは逆に）個人を共同体へ組み込む点において傑出していたという。その際、ドーリア人の歴史は「ギリシア史の魂」（ebd., Bd. 2, S. 63）とされた。ギリシアの本質を表すとされたスパルタの姿は、アポロンへの崇拝、一部の造形芸術の発達、スポーツや戦争の愛好と関係付けられたのである。

ミュラーのスパルタ観は二〇世紀前半にルネサンスを迎え、すでに述べたベルヴェ、イェーガー、ベンのスパルタ観に影響を与えた。[1] アテナイとスパルタは多くの場合、対立的に捉えられたこともあり、『ドーリア人』は古代ギリシアの規範性を（アテナイに代わって）スパルタの中に回復する試みと言える。

普仏戦争（一八七〇―七一年）におけるプロイセンの勝利、それに続くドイツの統一は、ドイツのギリシア研究に刺激を与えた。すなわち古典文献学者としてのニーチェは、同戦争での勝利をドイツ文化の勝利とする傲慢を批判した。その際、歴史学的‐実証的な研究によって古代ギリシアの規範性が破壊されることに対して、警鐘を鳴らした。[2] つまり彼は、自らの規範の破壊に無自覚な、同時代の形骸化、浅薄化した古代ギリシア崇拝を批判した。そしてミュラーの影響を受けて、古代ギリシアの（スパルタが代表したような）野蛮で粗野な側面を否定するのではなく、むしろそれを（アテナイが代表したような）高い文化が発達するための前提と見なした。それどころかニーチェは、前古典期のギリシアを（キリスト教や啓蒙主義の影響から自由な）非人間的ではあるが、自然で豊かなものとして理想視した。こうして、前古典期のギリシア（アッティカ悲劇）を師表としたドイツの文化改革を提唱したのである（ニーチェによるビスマルク時代のドイツのモデルは、アテナイでなくスパルタであったことが指摘されている（Reibnitz, S. 83)）。ニーチェは、キリスト教の「神の死」および「ヨーロッパのニヒリズム」を予言した。「第三の人文主義」とナチズムは、彼らなりの仕方で支配的な価値の真空状態を埋める試みであった。

右で述べたミュラーやニーチェによる古代ギリシアおよびスパルタに関する見方の中に、後の第三帝国におけるスパルタ受容の骨格が、すでに思想的に出揃っていると言える。しかし一九世紀の中期から後期にかけてミュラーおよびニーチェの影響は、一部の人の間に留まった。

スパルタのオリーヴの木の下で寛ぐワンダーフォーゲルの青年（Hellas, 口絵）

ところで一九世紀、プロイセン陸軍の将校を養成する幼年学校においては、スパルタを模範とした厳しい教育が行われていた（これは、兵隊王と称されたフリードリヒ・ヴィルヘルム一世（一六八八―一七四〇年）以来の伝統を汲む。彼の治下のプロイセンは「北方のスパルタ」（Kathe, S. 138）と称された。プロイセンの詩人ヨーハン・W・L・グライム（一七一九―一八〇三年）も軍歌の中で「プロイセンの英雄は名声と勝利で飾られ、ベルリンはスパルタであれ」（Gleim, S. 二）と詠い、当時、軍事強国化しつつあったプロイセンをスパルタに準《なぞら》えていた）。一九世紀末期から二〇世紀初期にかけてのドイツにおいては、いわゆる青年運動が生まれ、ワンダーフォーゲルの若者は旅に出て山野を跋渉《ばっしょう》する。（パリやウィーンが代表した）世紀末の頽廃した空気を嫌い、市民的《ブルジョワ》な安楽さを捨て、自然の中で友情を育んだ彼らの姿は、「ドーリアの若者精神の復活」（Schmid, S. 935）と評された。これは、第三章第一節で述べたとおりである。これらプロイセンの軍国主義、ドイツの青年運動は、周知のようにナチズムが成立する有力な背景となった。

二〇世紀初期にスパルタへの関心は、ゲルマン人に対する関心と結び付けられた。『ゲルマーニア』第四章には、「ゲルマン人は他民族との結婚によって汚されることなく、独特で純粋な自らに等しい種族となった」という一節がある。この一節が二〇世紀初期に改めて注目され、ゲルマン人が同じく人種を純粋に保ったとされるスパルタと似ているという説が生まれた（Möhring, S. 236, 243. 両者は共に、文字による自らの状態に関する記録を残さなかった点においても類似していた）。すなわち彼らは共に北方のアーリア人種に由来し、彼らアーリア人種こそイオニア（アジア）の影響の濃いアテナイ人や、地中海世界起源とされたローマ人などに代わる人類の文化・文明の本来の担い手であるという。これが、いわゆる「北方人種の神話」である。このように「ギリシアとドイツの親縁性」のテーゼは一八世紀後期以来、第三帝国に至るまで保たれたものの、二〇世紀初期には「ドイツとアテナイの（人間性、文化を介した）親縁性」よりも、「ゲルマン人とスパルタ人の（人種を介した）親縁性」が次第に注目されつつあった。

アテナイからスパルタへ

第一次世界大戦後、民主主義に基づくヴァイマル共和国が成立した。ヴェルサイユ条約が定めた多額の賠償金の支払い義務、支払いの滞りによるフランス軍のルール占領、それへの抵抗に触発された大インフレ、貧富の格差の増大、中産階級の貧困化、議会での小党分立による安定政権の欠如、右派と左派の側からの政治的なテロなどは、ヴァイマル共和国に対する不満と、第一次世界大戦の戦勝国に対する雪辱の思いを強めた。こうしてヴァイマル共和国は文化的には多くの実りをもたらしたものの、短い相対的安定期を除けば経済的な停滞、政治的な混乱を呈した。その際、民主主義や資本主義に基づく内外の敵は、かつてのアテナイを想起させた。「我々は（アテナイにおける）アッティカ民主主義の異常発育を示すものとして――残念ながら――、（ヴァイマル共和国という）自らの最近の過去から、多くの類似した例を持っている」（Hagen, S. 20）。このようにアテナイが投影されたヴァイマル共和国の混乱した経済と政治、爛熟した文化への反動として、スパルタに対する関心の高まったことが考えられる（「我々は言葉が達者なアテナイ人よりも、寡黙なスパルタ人を好む」（Aly, S. 7））。寄席《カバレット》作者のディーター・ヒルデブラント（一九二七―二〇一三年）は第三帝国下の学校での経験について、次のように回顧している。

私は我々に紹介された理想、つまり古代のスパルタにおける子供の教育のことを、はっきりと覚えている。この理想は、国粋主義を奉じる教師によって感激と共に我々の眼前に繰り広げられた。例は巧みに選ばれた。つまり一方で小さいスパルタは、経済的には強力だが根本において腐敗している（アテナイなど）民主主義（国家）に囲まれ、軍事教育を受けた自らの若者の力だけを頼りにした。他方で（第一次世界大戦での）敗北の屈辱に苦しみ敵に囲まれた戦後のドイツは、（スパルタ市民と）似た、死を軽蔑する若者を教育した場合のみ、この恥辱を雪ぐことができた。（Platner, S. 63f.）

スパルタが一九世紀末期から二〇世紀初期にかけて関心を惹いた別の背景として、人文主義に対する批判の高まりを挙げなければならない。パウル・ド・ラガルド（一八二七—九一年）、ユーリウス・ラングベーン（一八五一—一九〇七年）など文化ペシミズムの主唱者は、同時代の古典語教育が知育偏重で、ドイツ・ゲルマンの民族性と疎遠であると主張した。「財産と教養」の結び付き、古典教養の有無による階級格差は、社会民主主義の側からも批判の対象となっていた。人間性の理想は当時のドイツ社会において実現されることは少なく、プロレタリアートの貧困など（古代ギリシア・ローマの奴隷と似て）非人間的で野蛮な実情が問題視されつつあった。このような問題の解決と真摯に取り組んだのは社会民主主義者、共産主義者、一部のキリスト者などであり、人文主義者ではなかった。こうして人文主義者は一九世紀末期以来、多方面からの批判に曝された。（新人文主義やアテナイが代表すると見なされた）個人主義、美的な自己享受、世界市民主義に対する批判、民族共同体の形成への寄与は、一九二〇年代から三〇年代にかけての（特に「第三の人文主義」の圏内にある）人文主義者の多くも与する意見となっていた。主に教養人層が師表とした古代ギリシア、第二帝国の旧支配層が模範として仰いだプロイセン、民衆に馴染みのあるゲルマンの間の深まる亀裂は、スパルタ崇拝を通して互いに架橋が可能に見えた。

多かれ少なかれ（政治的な意味で）不自由でも、安定と平等を求めるドイツ人の多くが、スパルタに惹かれた。スパルタは、ヴァイマル共和国下の不如意な現状を解決する様々な主張の受け皿、歴史上の模範として適していた。スパルタという模範は、ドイツの対外的な威信の回復、（階級対立による）対内的な分断の克服に寄与すべきであった。その背景にあったのは、（新人文主義の）人間性に基づく普遍主義から（優勝劣敗の原則に拠る）非人間性に基づく人種主義への反転であった。これが

「ギリシアの呪縛下」にあるドイツの中で、アテナイに代わってスパルタを理想視する、いわばパラダイム・チェンジと関連していた（Nolte, S. 13）。「第三の人文主義」による古代ギリシアの規範の再建は、「政治的な人間の教育」を謳った。にもかかわらず、その多くは言葉だけのものに留まった。しかしナチスは、スパルタという夢を第三帝国の政策において着々と実現していった。第三帝国において「スパルタ（中略）のような概念は、我々（ドイツ人）には歴史的な記憶ではなく、再び直接的な現実になった」（Oppermann, S. 132）のである。第Ⅱ部で明らかにしたような、第三帝国におけるスパルタ受容が、これを示している。「北方人種の神話」に基づいて神話化されたスパルタは、「二〇世紀の神話」たる第三帝国の母体となった。その際ミュラーとニーチェ、この二人から影響を受けたベルヴェなど人文主義者の重要性は看過し得ない。彼らの仕事なしに第三帝国におけるスパルタ受容が可能であったか、疑わしい。

クセノポンは前四世紀、次のように記している。「万人がスパルタ人の生活習慣を称賛した。しかしいかなるポリスも、これを模倣しようとしなかった」（Xenophon, S. 72f.）。そういった中で、第三帝国はスパルタを主として模倣した史上稀に見る国家となった。しかし第三帝国におけるスパルタ受容に対しては、批判も存在した。個人の国家への従属を極端に推し進めたスパルタは、古典教養の有無にかかわらずナチ体制への賛否に応じて、夢あるいは悪夢を体現するものとなったのである。

人文主義者の間で久しくギリシアの異胎と見なされてきたスパルタは、ドイツ社会の中・下層では土着のゲルマン信仰、ドイツ社会の上層ではプロイセン賛美と結び付いた。これによってアテナイ中心の（一般民衆にとって多かれ少なかれ疎遠な）伝統的な人文主義を破壊する、強力な武器となったのである。第Ⅰ部で考察したイェーガー、ハルダー、フリッツという三人の人文主義者から、イェーガーは（スパルタの刺激を取り入れつつも、それがナチスによって自立することを予期せず）アテナイ中心の人文主義の再編を試み、ハルダーはスパルタ中心の人種主義的な人文主義と関わり、フリッツはこの二つから距離を取ったと考えられる。

第Ⅲ部

第二次世界大戦後の人文主義者

ヴェルナー・イェーガー（1956年6月。B 145 Bundesarchiv, Bild F003636-0002 / Fotograf: Flink）

リヒャルト・ハルダー（撮影年月不詳。ヘルダー書店（Der Verlag Herder）より掲載許可を取得）

クルト・フォン・フリッツ（1937年。Nachlaß Kurt von Fritz, Karton 22, BAdW. バイエルン学術アカデミー資料館より掲載許可を取得）

第Ⅱ部においては、第三帝国でのスパルタ受容について論じた。第Ⅰ部で検討したイェーガー、ハルダー、フリッツという三人の人文主義者は、ナチズムの経験を踏まえて第二次世界大戦後、自らの古典研究をどのように発展させていったのだろうか。この問題の考察が、第Ⅲ部の課題である。

スパルタの反対像としてのドイツ連邦共和国

第三帝国が瓦解した後、そのスパルタ受容の遺産はいかに受け継がれていったのだろうか。一九四九年、ドイツ連邦共和国（西ドイツ）とドイツ民主共和国（東ドイツ）が成立した。前者は、第三帝国がその乗り越えや否定を目指したヴァイマル共和国の体制を多く継承していた。ドイツ連邦共和国の基本法においては、「人間の尊厳は不可侵である」ことが謳われた。これは非人間性を目指した、第三帝国の対極であったと言える。ヒトラーが重視し、スパルタが体現していた「忠誠、犠牲への用意、寡黙」に代わって、ドイツ連邦共和国においては（兵役拒否の認可など）市民的不服従がある程度、認められ、個人の権利、特に自由や自己主張、批判的な公論が（特に一九六八年以降）重んじられた（スパルタにおける集団主義、身体の鍛錬の重視などは、ドイツ民主共和国へかなり、継承されたように見える）。政治体制としては、中央集権ではなく地方分権を重視する伝統的な連邦主義へ回帰した。経済体制としては、自給自足を目指す統制経済の代わりに、市場開放に基づく資本主義経済が選ばれた。主として一九六〇年代以降、国内の経済成長を支えるため多くの外国人労働者を受け入れた。ドイツ連邦共和国においては西ヨーロッパ世界の一員として、キリスト教や啓蒙主義の遺産の継承が謳われた。これらの特徴は、第三帝国において受容されたスパルタ像の反対であったと言える。

ベルのスパルタ批判

第三帝国におけるスパルタ受容はナチ体制の象徴として、ドイツ連邦共和国の文学作品の中で批判的に描かれることがあった。それを代表するのが、ハインリヒ・ベルの短編小説「旅人ヨ、スパルタノ地ニ赴カバ、彼ノ地ノ人ニ……」（一九五〇年）である。第三帝国の敗北後、敗北にまつわる現実を描き、その背後の真実に迫ろうとする、いわゆる「廃墟の文学」が生まれた。ベルは、その担い手の一人である。この短編小説は、「テルモピュライの戦死者碑銘」を手がかりに、第三帝国における教育面でのスパルタ受容を批判している。

まず、同作の粗筋をまとめておきたい。舞台は第二次世界大戦末期のドイツ、主人公は戦場で負傷した、人文主義ギムナジウムのかつての生徒である。彼が応急病院へ運び込まれ意識を取り戻した後、彼の目に入ったものの描写と、それと関連した彼の反省が並行して作品が進んでゆく。作品の冒頭では応急病院の入り口で、死者が物のように扱われる殺伐とした会話が描かれる。主人公は担架に横たわったまま、階段や廊下を通って運ばれてゆく。途中でギリシア神話の登場人物（メディア）、パルテノン神殿の古典建築の小壁《フリーズ》、カエサル、キケロ、マルクス・アウレリウス（一二一—一八〇年）、フリードリヒ二世（一七一二—八六年）、ニーチェ、ヒトラーなどの彫像や絵が、主人公の目に入る。主人公は自分のいる建物が、死者の家であるかのように思う。彼は部屋の調度などから、自分が住んでいた町に三つあった高等学校の一つに運び込まれたことを認めざるを得なくなる。しかし、自分が母校にいることを否定しようとする。体を横たえられた図画室で、主人公には七つの書体で黒板に書かれた「旅人ヨ、スパルタノ地ニ赴カバ、彼ノ地ノ人ニ……」という習字の文字が目に入る。それは紛れもなく、戦争末期の絶望的な生の中で書かれた彼自身の筆跡であり、彼は自分が母校にいることを認識した。書かれた文字が大きすぎたため、「テルモピュライの戦死者碑銘」の全文は黒板に収まり切らないだけでなく、少し歪んでいた。この認識とほぼ同時に包帯が解かれ、主人公は自分の両腕と右脚が失われていることを知り、愕然とする。

この短編の解釈に移ろう。主人公が運び込まれた場所は、なぜ彼に「死者の家」と思われたのだろうか。それは、応急病院であるがゆえに、そう映っただけではない。人文主義ギムナジウムは、負傷した主人公に疎遠なギリシア・ローマ古典古代という過去の遺物を展示し、また生徒に「テルモピュライの戦死者碑銘」を範とした教育を行い、「祖国に殉ずる死」者を生み出しているという意味においても、「死者の家」であったのではないか。これを仄めかすのは、「テルモピュライの戦死者碑銘」が「歪んで書かれている verstümmelt」ことの知覚が、主人公の両腕と右脚が「切断されている verstümmelt」ことの知覚とほぼ同時に起きることである。主人公が母校の人文主義ギムナジウムにおいて目にした、メディアからヒトラーに至る、古代ギリシア・ローマ、人文主義、プロイセンの軍国主義と関連した一連の彫像や絵は、古代ギリシア・ローマおよび人文主義がナチズムの世界観・政策の一つの根であったことを暗示している。主人公は作中で自分が母校にいることを確信した理由として、かつて教室に掲げられながらも、（ナチズムの理念に基づく一九三八年の学制改革で）撤去された十字架の痕跡も挙げている。「十字架（の痕跡）は（まだ）そこにあった」という文章が三回、繰り返されることは、「旅人ヨ、スパルタノ地ニ赴カバ、彼ノ地ノ人ニ……」という文章が三回、繰り返されることに逆対応している。こうしたことなどからベルは、スパルタに代わる価値として（特に愛の重視に見られる新約的な）キリスト教を示唆している。

ドイツ連邦共和国は第二次世界大戦後、第三帝国という「過去の克服」に力を入れ、そのために「旅人ヨ、スパルタノ地ニ赴カバ、彼ノ地ノ人ニ……」は長年、学校での授業教材に取り上げられてきた。

第二次世界大戦直後の人文主義

フリッツと親しく、ナチズムに批判的だったブルーノ・スネルは第二次世界大戦直後のドイツの人文主義をめぐる状況について、次のように述べている。

一九世紀と二〇世紀初期に高い名声を誇っていたドイツの古代学は一九四五年、特に悲しむべき状況にあった。多くの重要な研究者は、ドイツを去らざるを得なかった。この（古代学という）分野において研究の不可欠の道具である双書、テキストおよび学問的な作品の在庫は、出版社の倉庫で（空襲により）消えてしまった。外国の出版物は何年も前から触れることができず、そういう状態がかなり続いた。我々は許容できる通常の条件から、離れてしまった。（Snell 1954, S. 289）

スネル自身は、「ナチズムの影響を受けたドイツ人の多く、特にドイツの若者を、伝統的なヨーロッパの思考と民主主義に賛成するヨーロッパ的な価値へ回帰させることによって、味方にできる」(Lohse 1991, S. 819) と考えた。そのような中でナチズムに利用されたモムゼンの、リベラルな一市民としての姿が再発見された（ドイツ市民階級の政治的な未成熟を嘆く彼の遺言が一九四八年に公開され、大きな反響を呼んだ（Mommsen 1948, S. 69f.)）。第三帝国において人文主義が果たした役割については、「ギムナジウムはナチズムのイデオロギーに対する強力な防塞であり（中略)、過ぎ去った（ナチズムによる）衰退の時期、自らの本質に忠実に留まった」(Schneble, S. 18f.) とする弁護が行われた。しかし今までの本書の叙述から明らかなように、これは事柄の一面を述べているに過ぎない。人文主義者によるナチ政権への協力を問題視したのは、古典語教師テオ・ヘルレ（一八八八―一九七五年）など少数であった（Herrle, S. 29)。一九四〇年代の後半から五〇年代にかけてドイツ再建の期待の下、何人かの人文主義者が東西ドイツの大学の学長職に就いた（レーム（ミュンヘン大学)、ハンス・ゲオルク・ガーダマー（一九〇〇―二〇〇二年）（ライプツィヒ大学)、ヨハネス・シュトロウクス（一八八六―一九五四年）（ベルリン・フンボルト大学)、スネル（ハンブルク大学)、ゲオルク・ローデ（一八八九―一九六〇年）（ベルリン自由大学)、フリードリヒ・ツッカー（一八八一―一九七三年）（イエナ大学))。他方、ナチ政権に協力した人文主義者は非ナチ化審査の結果、大学を解雇された（ドレクスラー、ベルヴェ、ハルダーなど。彼らの多くは後に大学へ復帰)。第二次世界大戦後ドイツの人文主義は、脱国民化、脱政治化の傾向を辿った（Landfester 2000, S. 81f.)。これと関連して、「ギリシアとドイツの親縁性」ではなく、ギリシアとローマはドイツ人にとって「最も近い他者」(Hölscher 1965, S. 81) であることが注目を浴びていった。「ドイツ連邦共和国の領域で、政治家、歴史家、教育学者の関心は、スパルタの権力国家からアテナイの民主主義へと再び移った」(Christ 1986a, S. 59f.)。

人文主義者の再結集

これまでの叙述において示したように、人文主義者はナチズムに対して協調から傍観を経て抵抗に至るまで、様々な態度を取った。しかし彼らが第二次世界大戦後、第三帝国下でのナチズムへの関わりや政治的な立場の相違をめぐって公然と対立することは、なかったように見える。

(ナチ)体制に批判的であったブルーノ・スネルは一九四九年、ドイツの古代学者を研究者の新しい集団の結成へ向けて招待した。これは、後のモムゼン協会として結実した。この時(これは人文主義者による第二次世界大戦後の初の会合であった)、彼らの多くは自らがイデオロギー上、抱え込んだ重荷を反省することなしに、この会合へ参加した。(中略)国外亡命者も、姿を現した(ヴィクトール・エーレンベルク、クルト・フォン・フリッツ—原注)。(イデオロギー上の立場を異にする人々の間に)接触に対する恐怖は、なかったらしい。学問、友情を介した結び付きは、古いイデオロギー的な相違よりも強かった。(Landfester 2011, S. 225f.)

これは、人文主義者の多くにとって(人間性《フマニタス》の構成要素の中から、多くの人へ向けられた)「人道・人間愛」よりも、学問や教養が重要であったことを物語っている。第二次世界大戦後しばらくして「四七年グループ」の代表者の一人である作家アルフレート・アンデルシュ(一九一四—八〇年)は、「人文主義は何に対しても守ってくれないのか」と問い、遺作『殺人犯の父——ある学校の物語』（一九八〇年）において、ナチ親衛隊長官ハインリヒ・ヒムラー（一九〇〇—四五年）の父親を描いた（ヒムラーの父親は古典語教師で、人文主義ギムナジウムの校長を務めていた）。右の引用は、アンデルシュの問いが生まれた背景も明らかにしている。

こういった中で文学史家のリヒャルト・ネーヴァルト（一八九四—一九五四年）は一九四七年、「我々の時代にとって、ヴェルナー・イェーガーが刻印付けたようないわゆる更新された人文主義あるいは第三の人文主義が、基準的であるべきだろう」（Newald, S. 90）と主張し、この意見がおおむね受け入れられた。一九七〇年代の初期に至るまで、『パイデイア』は人文主義的な古典語教育・古典研究を基礎付けるスタンダードな作品と見なされた（Stiewe, S. 22）。そして、ドイツ連邦共和国における人文主義的な古典語教育・古典研究の周縁化を遅らせるのに、寄与したのである。これを物語るのは、人文主義ギムナジウムにおける古典語の授業時間数（修業期間における、学年毎の一週間当たりの授業時間数の総計）の変化である。それは一九三八年の学制改革における六五時間（八年の修業期間）から、例えばバーデンの人文主義ギムナジウムにおいては一九四五年、八八時間（九年の修業期間）へと増えたのであった（一九七〇年に至っても七五時間が確保された）（Gass-Bolm, S. 429）。

第一章　イェーガー――人文主義からキリスト教へ

本章においては、第二次世界大戦後のイェーガーによるナチズムに関する見解、研究を、ナチズムの支配に関する言明（第一節）、「観想的な生」、キリスト教の教父に関する研究（第二節）、イェーガーについての総括（第三節）、という三つに分けて考察する。

第一節　ナチズムの支配に関する言明

第二次世界大戦の終了後に著された二つの文書から、イェーガーによるナチズムの支配に関する見解を窺うことができる。

シュプランガー宛の書簡

第一に、一九四八年イェーガーが教育学者のシュプランガーへ宛てた手紙が残されている。イェーガーはキール大学において教鞭を執っていた時期、シュプランガーの知遇を得、親交を結んでいた。

この書簡の中でイェーガーは第二次世界大戦後のドイツの国際的な孤立に触れ、世界へ復帰するためにも人文主義的な古典語教育・古典研究が必要であると説く。彼は第一次世界大戦後、同様の状況にあったドイツに同様のことを説いていた。イェーガーによれば、「ナチスの教育的な措置は、自らの文化の歴史的な根源（人文主義）から分離し、自らの伝統意識を狭隘で自己満足的なナショナリズムへと限定するため、あらゆることを行いました」（Overesch, S. 119）。ここでイェーガーは、人文主義の価値低下の起源を「ヒトラーの不合理な人種理論」ではなく、（ドイツと古代ギリシア・ローマを対立的に捉えた）ヴィルヘルム体制の中に求める。この体制から、ナチズムの精神が生まれ、成長したという。そして人文主義ギムナジウム、そこで育まれる人間性という高い理想をナショナリズム崇拝に対して維持すべきこと、西側の文化共同体の精神的な再建を説く。イェーガーは手紙の最後に、「私はこうした（発言への意欲という）自然な感情にもかかわらず、自らの現在の活動の場所（アメリカ合衆国）からドイツの事柄に介入しないことを、自らの原理としました」（ebd., S. 121）と述べる。この一節は、（少なくともアメリカ合衆国滞在後の）イェーガーによるナチズムへの傍観を考察する、一つの手がかりとなっている。

『ベルリン大学史』

第二に、一九六〇年に刊行された『ベルリン大学史』においてイェーガーは、ベルリン大学古典文献学科の発展について記している。その中には、ナチズムの支配に触れた箇所がある。

ナチズムの政治的な支配は、ベルリンの文献学にとっても重大な帰結がないわけではない闘争へと導いた。すでに述べたとおり、この論文の著者（イェーガー）は、E・クルティウス（一八一四—一八九六年）やヴィラモーヴィッツが担当した講座を放棄し、何人かの俊秀の年下の人々や尊敬すべき年上の同僚エドゥアルト・ノルデン（一八六八—一九四一年）教授と同様、外国へ行く決断を迫られた。（中略）歴史的な運命という野蛮な暴力が、人間文化の歴史においてしばしば起きたように、静かな有機体的な成長の過程を中断させた。（Jaeger 1960b, S. 484f.）

「第三の人文主義」とナチズムとの確執が果たして「闘争」という名に値するものであったか、問うことができよう。右の引用の最後の文でナチズムの支配は、いわば人為を超えた不可避的な運命として捉えられている。それをどうすれば阻むことができたか、という問いは、イェーガーの関心を惹かない。彼はむしろ過去の伝統や課題を継承すべきことを説き、「未来の（ベルリン大学の）文献学は自らの伝統を恥じる必要はない」（ebd., S. 485）、と結んでいる。

以上の二つの言明から、イェーガーは渡米後ナチズムを自覚的に傍観したこと、第二次世界大戦後ナチズムを批判的に捉えたことなどが窺える。ではナチズムの経験は、彼自らの学問上の関心をどのように変えたのだろうか。

第二節　「観想的な生」、キリスト教の教父に関する研究

イェーガーは、祖国ドイツの敗北を移住先のアメリカ合衆国において体験した。そこで、今後の研究の道筋を示す必要を感じたように思われる。これを表すのが、「ギリシア人と哲学的な生の理想」（一九四八年）であり、その加筆修正した英語版「観想的な生の道徳的な価値」（一九五二年）である。これらの論文は、第Ⅰ部第一章第二節（三三頁）において触れた「哲学的な生の理想の起源と循環について」（一九二八年）と類似したテーマを論じている。しかし、論述の視角が変化している。こうした変化を考慮した上で、右の二つの論文を検討する。

「ギリシア人と哲学的な生の理想」、「観想的な生の道徳的な価値」

イェーガーは「ギリシア人と哲学的な生の理想」において、「存在の考察（「観想的な生」）が人間による最高の活動の本質内容であるという考えは、ギリシア精神全体の歴史を貫く」（Jaeger 1948, S. 237）と説く。そして「観想的な生」と「実践的な生」を統合したプラトンとアリストテレスを、依然として高く評価する。しかし（「実践的な生」を重視した）ディカイアルコスについては、ほとんど触れない。「哲学的な生の理想の起源と循環について」においては、「観想的な生」の（「実践的な生」の重視という変化も含めた）「循環」という運動が説かれた。これに対して「ギリシア人と哲学的な生の理想」においては、様々な変化を貫く（「観想的な生」の）基底性、歴史的な連続性が強調されている。イェーガーはこうした主張を、アテナイの民主主義の伝統への回帰によるドイツ復興の希望と、

次のように結び付ける。すなわちペルシア戦争後「アテナイの若い民主主義は、古代ギリシアの廃墟から指導的な力として身を起こし、次のような原則に基づいて世界の再建を試みる準備ができていた。この原則はアテナイの民主主義に、ギリシア史の最大の危機を勝者として生き延びる力を与えていた」(ebd., S. 225f.)(ここでペルシア戦争後のアテナイは、「廃墟 Trümmer」や「再建 Wiederaufbau」という言葉が連想させるように、第二次世界大戦直後のドイツと重ねられている(Orozco, S. 172))。ここでイェーガーは「世界の再建」について、次のように主張する。「我々の大学が、本来あるところの人間存在を再生させる力であろうとするならば、「観想的な生」の理想に場を設けるため出発しなければならない」(Jaeger 1948, S. 239)。この「出発」に関して彼は、「古代ギリシア思想の世界は、我々の(西暦という)年代算定の最初の世紀に新しいキリスト教精神への道を示した。我々は、この時「観想的な生」という古典的な理想がキリスト教会に吸収され、修道院の生活という形で再生した興味深い光景を目撃している」(Jaeger 1952, p. 92)と述べる。こうして古代ギリシア思想がキリスト教の教父に及ぼした影響が、第二次世界大戦後のイェーガーの中心的な研究テーマとなる。第I部第一章第三節、「アメリカ合衆国滞在時」(四九頁)のメーリングの引用において、『パイデイア』での人文主義の「国家倫理的な機能」(第一分冊)からの「「神中心的な」転向」(第二、第三分冊)」について述べた。かかる転向は「観想的な生」を媒介として、古代ギリシア思想からの断絶ではなく、その継承として正当化された。

晩年のイェーガー

引き続きイェーガーによる、新しい研究方向の展開に触れておく。彼によれば、古代ギリシアの思想上の遺産つまりプラトン主義とアリストテレス主義は、キリスト教中世の偉大な神学者であるアウグスティヌスとトマス・アクィナス（一二二五頃―七四年）へそれぞれ受け継がれ、キリスト教の教理と融合した。コーダー三世によれば、ハーヴァード大学のイェーガーの研究室の壁には高齢のU・v・ヴィラモーヴィッツ＝メレンドルフと若き日の教会史家アドルフ・フォン・ハルナック（一八五一―一九三〇年）の肖像が掲げられ、イェーガーは自らの中にこの二人が統合されていると考えていたという（Calder III, p. 134）。イェーガーは第一次世界大戦後のドイツにおける新たな潮流のように、文化と宗教、哲学と神学の相違を強調しなかった（前二者の相違を強調したのはバルト、後二者の相違を強調したのはハイデッガーである）。むしろ両者を連続的に捉えた。こうした見解は、イェーガーが意図したにせよしないにせよ、第二次世界大戦後、ソ連とアメリカ合衆国それぞれのドイツ占領地域における文教政策に対して、ドイツ・ヨーロッパの伝統を守る大きな拠り所となった（Landfester 2000, S. 83）。

彼は『パイデイア』の続編である『初期キリスト教とギリシアのパイデイア』（一九六一年）において、キリスト教の重要な概念が古代ギリシア起源であることを指摘した。その例としてイェーガーは、「教会 ekklesia」とは元来、古代ギリシアのポリスにおける市民集会を意味し、「悔い改め、回心 conversion」という言葉は本来プラトンに由来したことなどを挙げている。イェーガーは最晩年、キリスト教の教父ニュッサのグレゴリウス（三三五／三四〇―三九四年）の禁欲的生活について論じている（イェーガーは第二次世界大戦後、彼の批判版全集の刊行を推し進めていた）。イェーガーはこの禁欲的生活の起源を、ギリシア人の哲学的な生、「観想的な生」の中に見出したのであった（Jaeger 1956, S. 267f.）。

第三節　イェーガーについての総括

彼の学問的な出発点は、アリストテレス『形而上学』（博士論文）とキリスト教の教父（教授資格請求論文）に関する著作である。これらは、「観想的な生」と間接的に関わった。その後イェーガーは一九二〇年代のドイツの様々な危機に触発され、ベルリン大学教授という立場もあり、「第三の人文主義」の中心人物となった。そして人文主義的な古典語教育・古典研究の（「観想的な生」よりもむしろ）「実践的な生」への寄与、「政治的な人間の教育」を説く。しかしその時期にあっても「哲学的な生の理想の起源と循環について」に示されていたように、「観想的な生」への関心や評価は、時代を貫いて伏流していたと考えられる（『パイデイア』第一分冊においても「政治的な人間の教育」を説く一方、「観想的な生」の表れについて詳しく論じ、古代ギリシア思想がキリスト教に連なる道筋がすでに示されていた）。こうした意味で、イェーガーによる（一九三三年の短期間を除く）ナチズムへの傍観は、彼による「観想的な生」への一貫した関心、評価に基礎付けられていたと言えよう。彼は自らの「第三の人文主義」がナチズムに少なからぬ脅威として映っていたにもかかわらず、というかまさにそれがゆえに、(「人道・人間愛」の擁護へも進み得た)「政治的な人間の教育」という構想に殉じることはなかった。「学問・大学の自由」に言及しつつもそれを公の場で強く擁護することなく、むしろアメリカ合衆国へ移住し、「観想的な生」の明示的な評価へ次第に研究の方向を変えた。

これは、一種の現実逃避だったのだろうか。しかしイェーガーによる「観想的な生」への関心は、否定的にのみ捉えるべきではないのかもしれない。ナチズムのイデオローグの一人であるヴィンフリート(ヨアヒム・ハウプト(一九〇〇—八九年)の仮名)は、彼らが敵視したリベラルな教育の本質を「中世の修道院学校」(Winfrid, S. 17)や「精神の純粋性」[2](ebd., S. 23)、つまり「観想的な生」の中に見ている。イェーガーは、「精神の純粋性」の擁護へ向かったとも考えられる。

彼は一九三〇年代、前古典期が古典期へ統合される古代ギリシア像を『パイデイア』第一分冊において描こうと試みた。これと構造的に似てイェーガーは第二次世界大戦後、古代ギリシア思想がキリスト教神学へ統合されるヨーロッパ精神史の流れを描こうと努めたように見える(その萌芽は、キリスト教(会)に倣って人文主義の組織化を図る「第三の人文主義」の試みに現れていたと思われる)。これに伴って、「政治的な人間の教育」のコンセプトは放棄された。いずれにせよイェーガーによるナチズムへの協調の試みとナチズムによるその拒否は、イェーガーの学問的な関心が主として「政治的な人間の教育」から(神中心的な転向による)古代ギリシア思想とキリスト教神学の連続性の証明、「観想的な生」の明示的な評価へ移るのを、否定的に媒介したと考えることができるだろう。

第二章　ハルダー――人種主義からオリエンタリズムへ

本章においては、第二次世界大戦後のハルダーによるナチズムに関する見解、研究を、ナチズムへの協調に関する反省（第一節）、第二次世界大戦中の研究との断絶と連続（第二節）、ハルダーについての総括（第三節）、という三つに分けて考察する。

第一節　ナチズムへの協調に関する反省

非ナチ化の審査で「同調者」と判定されたハルダーは、ミュンヘン大学の教職から退いた。ニュンベルク裁判においては、ナチスによる人間性《ヒューマニティー》に対する数多くの侵犯が公の場で明らかにされた。そういった状況の中でハルダーは、かつて自らが「ローマにおける哲学の定着」において記した次の言葉を思い浮かべなかったであろうか。「この（人間性が人間の間の特定の関係を表す）場で、人間性《フマニタス》は労りや穏和さや鷹揚さと、そして現実の厳しい必然性を度外視することと同義である。というわけでローマの将軍は、厳格な戦時法を度外視することによって、服従した属州を寛大に扱う。（中略）

人間的なローマ人は、あらゆる権力手段を用い、あるいは間近に攻撃を仕掛けると公に伝えることによって、内政上の敵に対して容赦なく振舞うことはなかった」(Harder 1929b, S. 339f. 第Ⅰ部第二章第二節、「ギリシア・ローマの精神史に関わる研究」(六一頁)も参照)。ナチスは主として東部の占領地域および国内において、これと反対のことを、多くの場合人種主義に基づいて計画的に行った。ハルダーは隠遁中、自らのナチズムとの関わりを振り返るに至った。彼は一九三三年から四五年にかけて著した自著とナチズムとの関わりを検討し、一九四七年にメモに残した。それは自己弁護的な色彩が強い。これが変化したのは、「自己弁明」(一九四九年)と題した覚書においてである。その中には、次のようにある。

> 誤って行ったことを、後になって美化するつもりはない。私がナチズムと妥協したことは、事柄に即して間違っていた。今日の距離から見ると、次のことがわかる。つまり(ナチズムとの)共同作業によって事態を理性的な道へ導こうとする期待は、幻想であった。私はまた、学者が(ナチズムとの)協力によって自分自身の信用を落とすだけではなく、学者によって代表された事柄の信用を一部、落としたのだ——この点に、私は最も中心的な罪の契機を見る。こうしたことを私は十分に考慮しなかった。(Schott, S. 495)

すでに触れたようにハルダーは人文主義的な古典語教育・古典研究の制度的な維持に尽力し、それも与りナチズムと協調するに至った。かかる過去がゆえに、彼は自らの「最も中心的な罪の契機」

を、「学者によって代表された事柄の信用を一部、落とした」点に見たと考えられる。

第二節　第二次世界大戦中の研究との断絶と連続

ハルダーによるこうした自らの過去に対する反省は、第二次世界大戦後の研究にどのように反映し、彼の研究はいかなる展開を遂げたのか。彼はヴァイマル共和国、第三帝国の下においてそうだったように、古典語教育・古典研究の制度的な維持という問題と、もはや関わらなかった。ギリシアとドイツ人、古典教養と国家の絆について語ることもなく、プラトン主義を表立って論じることもなくなった。第二次世界大戦後のハルダーの業績は、おおむね研究面に限定される。以下「ギリシア人の固有性」「ギリシア文化入門」（共に一九四九年）、「古代ギリシア人の世界公共性」（一九五三年）を手がかりに、第二次世界大戦中の人種主義的な古典研究の構想が同大戦後どのように変化したのか、検討を行う。その際、古代ギリシア人と先住民族、外国人、オリエントとの関わりの見解（の変化）に注目する。

第二次世界大戦中の研究との断絶

まず「精神史研究所」の第一の活動分野「移動時代におけるインドゲルマン部族の、その都度、眼前に見出された先住民族との対決」と関連してハルダーは、「ギリシア人の固有性」の中で次のように記している。

しかしギリシア人は、ニューイングランドへの入植者よりもむしろコルテスのように先住民族と付き合ったように見える。先住民族は下層階級となった。彼らは異質な様式で高い段階に立っており、以前に予感できたよりも深くギリシア人の生活に働きかけた。（中略）ギリシア人は異質なものを絶滅したのではなく、同化した。同化する者が同化される者に似るのは、世界の至る所で同じである。力の相違があるにせよ、結局のところ全ては相互的な交流という結果になる。
(Harder 1962, S. 53)

「ボップとインドゲルマン学」においては、インドゲルマン人が（先住民族と比べて）高い文化の担い手とされていた。ところが右の引用において、「先住民族は異質な様式で高い段階に立って」いたとされ、インドゲルマン人と先住民族の関係はより対等に近いものとして解釈されている。それは、ギリシア人（征服民族）と先住民族（被征服民族）との「相互的な交流」が語られていることからも、明らかである。その際ハルダーは北方から侵入したギリシア人を、中米を一六世紀に植民地化したエルナン・コルテス（一四八五—一五四七年）に譬えている。そして（北米に植民地を築き、先住民族の多くを殺したイギリス人と比べて）、先住民族に対して比較的、穏和に振舞った仕方を評価している。

次に「精神史研究所」の第三の活動分野「幾つかの範例的な場合、最終的に民族性と文化の破壊を招いた侵入と外国人人口の過剰の生物学的な過程」と関連してハルダーは、「ギリシア文化入門」において次のように記している。「前四世紀以後、ギリシア文化の担い手として登場する外国人、（中略）「異邦人」、半異邦人の数が増える。（中略）未知なるものを溶かす坩堝《るつぼ》であるギリシア文化は、外国人人口の過剰で没落したのではない」（ebd., S. 70）。

「精神史研究所」の第一、第三の活動分野と関連した二つの点について、ギリシア人と先住民族、外国人との関わりは、前者が後者二者を排除する、それゆえ前者が後者二者に脅かされるというのではなく、いわば共存共栄の関係、（人間的という言葉を用いることなく）より人間的なものとして捉え直されている。かかる点に、第二次世界大戦後におけるハルダーの認識の変化が窺われる。

第二次世界大戦中の研究との連続

では第二次世界大戦中におけるハルダーの人種主義（と古典研究の関係付け）は、同大戦後、完全に清算されたのだろうか。彼はギリシア人とオリエントの関係について、「ギリシア人の固有性」においで次のように述べる。

ギリシア人はオリエントを克服するのみならず同時にそれを解明し、つまりオリエントをして語らしめる。自慢を好むオリエントの自己称賛は自らの空間の外部では、その退屈な単調さによって聞かれることなく、次第に消え去ったことだろう。（中略）あたかもギリシア人は、魔法をかけられたこの（オリエントという）王子を、自らへの囚われという微睡《まどろ》みから解放する。ギリシア人はオリエント世界を有機体的に成長していること、その単なる存在という見通しの利かない

錯綜から、解放するのである。（Harder 1962, S. 51）

右の引用においては、オリエントに関して「自慢を好む」、「自己称賛」、「退屈な単調さによって聞かれることなく」、「魔法をかけられた」など、否定的な性格付けが行われている。これと対照的にギリシアはオリエントを教化し、オリエントを「自らへの囚われ」から解放するのを助ける、いわば上に立つ存在とされている。

ヨーロッパのルーツの一つは、ギリシアに求められている。右でハルダーが記したギリシアとオリエントの関係を、ヨーロッパとオリエントの関係のいわばひな形として捉えてよいのであれば、この引用には、一九七八年にエドワード・サイード（一九三五―二〇〇三年）がオリエンタリズムの名の下に批判したヨーロッパとオリエントの関わりが表れている（「オリエントに声を与えるのは、ヨーロッパである」(Said, p. 57)、「学識ある西洋人は、あたかも都合の良い優位な位置から、受動的で未発達で女性的で、黙っていて怠惰ですらある東のあり方を指摘し、それから秘密に満ちた秘教的な言語を明るみに出す能力に由来する文献学者の学問的権威の下にオリエントに自らの秘密を打ち明けさせ、ついに東をはっきりと表現する」(ibid., pp. 137-138)）。その際サイードはオリエンタリズムに基づく歴史的な優位によって、人種的なステレオタイプが（ヨーロッパに）供給されたと見なした (ibid., p. 328)。するとハルダーによる第二次世界大戦中の人種主義（と古典研究の関係付け）は完全に清算されたわけではなく、同大戦後、オリエンタリズムとして形を変えて生き延びたことが考えられる。第Ⅰ部第二章第三節、「不法国家と人種主義」（七九―八〇頁）で引用した竹内好（一九一〇―七七年）のヨーロッパ学問観は、今日ではしばしばオリエンタリズム批判の先駆けとされる（孫歌）。ここで竹内によるヨーロッパ学問観とハルダーによるインドゲルマン精神史の構想の重なりを示唆したが、ここからも、ハルダーにおける人種主義とオリエンタリズムとの関連を推測できる。

ドイツ連邦共和国への適合

一九五二年ハルダーはミュンスター大学へ赴任し、社会復帰を果たす。その翌年に著された「古代ギリシア人の世界公共性」は、「ヨーロッパの連帯感と近代の世論にとって世界標準となったヘレニズムの普遍的な人間性は、自らの内的な力を古代ギリシアの宗教から汲み出した」（Harder 1953, S. 56）ことを説いている。この論文において興味深いのは、ハルダーがヴァイマル共和国下での自らの研究において主題化しながらも、第三帝国下ではほぼ黙して語られなかった人間性《フマニタス》が、再び語られ始めていることである。彼は前三世紀ギリシアの地理学者エラトステネス（前二七六／二七三―前一九四年頃）を引きつつ、次のように述べる。

> （エラトステネスによれば）諸民族をギリシア人か異邦人かによってではなく、有能《アレテー》か無能《カキアー》か、内的な価値および業績によって区別すべきである。いわゆる異邦人の中には、インド人、ローマ人、イラン人、カルタゴ人といった諸民族が含まれるだろう。彼らは驚嘆に値する国家秩序、生の秩序を所有する。（中略）エラトステネスにおいて諸民族は、その深い共約不可能性にもかかわらず、もはや（アレクサンダー大王の）後継者《ディアドコイ》の政策におけるように自らの同化能力によって

ではなく、自らの価値、自らの人間性に従って測られる。（中略）有能《アレテー》か無能《カキアー》かという価値規範に関していえば、それは純粋にギリシア的である。しかしそれは同時に国民的でギリシア的な色彩を取り去られ、人間的に本質的なものへと還元されることで、超国民的に適用できるものとなる。（中略）（諸民族の）一致は有能性《アレテー》、つまり本来の人間的なものへ向けられている。なぜなら人間性、フマニタスという概念がこのような（人類の統一という）精神空間に属するのは、明らかだからである。まさにこうした人間的な有能性《アレテー》は価値評価の基準であり、（その）審査員はギリシアの教養の担い手である。（ebd., S. 47-49）

ヴァイマル共和国下のハルダーは、人間性《フマニタス》をローマのスキピオ・サークル、キケロ、将軍による「寛恕、雅量、労り、穏和さ、鷹揚さ、寛大さ」など「人道・人間愛」としての意味で主として理解していた。ところが右の引用における人間性《フマニタス》は、ヘレニズムにおける「有能性《アレテー》、内的な価値および業績」として捉えられている。後者に含まれた「有能性《アレテー》、業績」としての人間性《フマニタス》の理解は、ドイツ連邦共和国にも次第に浸透しつつあった、第二次世界大戦後のアメリカを中心とする自由主義世界の価値観を想起させる。

以上、第二次世界大戦後のハルダーによる研究の軌跡を辿った。その中には、同大戦中の研究との断絶と連続、同大戦後のドイツ連邦共和国への適合と思われる試みが観察できた。

晩年のハルダー

第二次世界大戦後から死に至るまでのハルダーについて、彼の周辺の人物による証言が残されている。哲学者のハンナ・アーレント（一九〇六―七五年）は一九二四年ベルリンでハルダーから古代ギリシア語を習い、一九五六年に彼と再会した。再会の模様を記す彼女の書簡によれば、ハルダーは「(中略) きわめて閉鎖的で、明らかにすでに久しく自分自身を計画的に罰していた」(Arendt, S. 453) という。ハルダーがなぜ自分自身を罰していたかを察する手がかりとなるのは、アーレントの友人で、ミュンスター大学でハルダーの同僚となったドイツ文学者ベンノ・フォン・ヴィーゼ（一九〇三―八七年）による以下の言葉である。「ハルダーは無条件に悔いる能力を持つ類まれな人に属した、と私は思う。(中略) 前半生において、何かしら不気味にも情熱と矛盾に駆り立てられたようであったリヒャルト・ハルダーは、苦痛と、ようやく得た静かな暗愁を宿す快活さによって、変化した人として亡くなった」(Wiese, S. 227)。彼は一九五七年九月三日から四日にかけての夜、学会参加からの帰途、チューリヒ駅において一人で電車を待っている間に心臓発作を起こし、翌朝亡くなっているのが見つかった。こうしてハルダーはナチズムへの協調を深く悔いたものの、それが第二次世界大戦後の研究に根底から反映されたのか、疑問が残る。

第三節　ハルダーについての総括

ヴァイマル共和国期、ハルダーの主たる関心は、プラトンやキケロを範とした哲学と政治、ギリシアの精神性とローマの国家性の、人間性による媒介にあった。これは〈哲学と〉「現実政治との対立的な緊張関係」を孕んだ。こうした関心は、人文主義的な古典語教育・古典研究による同時代のドイツ国家・社会への寄与という、「第三の人文主義」の特徴と密接に関わっていた。ナチスの政権獲得に伴い、プラトン哲学はハルダーによって〈当時、支配的であったように〉人種主義的に解釈された。「精神史研究所」に関する活動として、ハルダーが携わったインドゲルマン精神史は、ギリシアの精神性とローマの国家性の〈人間性ではなく〉人種主義による媒介を目指した。それは過去のインドゲルマン人による征服を範とした、第三帝国の同時代の侵略〈の正当化〉と不可分であった。ハルダーは「精神史研究所」において作業を行う際、古典研究による同時代のドイツ国家・社会への寄与、それによる古典研究の維持に関心を抱いた。しかし人間性ではなく人種主義に基づく古典研究は維持するに値したのか、と問うことができたであろう。第二次世界大戦後、ハルダーの関心はギリシアの精神性へと回帰し、彼は〈現実〉政治やローマの国家性に、ほぼ触れなくなった。これと関連して、〈自由主義世界に即した〉人間性が語られ始めた。しかし政治から文化への表向きの撤退にもかかわらず、ギリシア・ヨーロッパのオリエントへの隠された支配構造〈オリエンタリズム〉が認められた。

ハルダーによるヴァイマル共和国、第三帝国、ドイツ連邦共和国という異なる政体の下での身の処し方には、共通点が窺われる。すなわち、体制側の立場から反体制側の言行を咎めることに加わった〈ヴァイマル共和国下でのナチ・ドイツ学生連盟の言行への批判、第三帝国下での「白バラ」配布文書の鑑定〉。その後、体制の変化に伴って旧体制下での言行を批判されながらも〈一九三三年キール大学の自由学生連盟による罷免要求、一九四五年の非ナチ化審査〉、その後しばらく学問研究に沈潜し〈ナチ政権の成立直後には、それに賛同する文章も発表)、復活を遂げた(「精神史研究所」、ミュンスター大学への赴任)。人間性という言葉は、その都度の体制に合わせて使われるか、使われなくなるか、意味内容を変えた。マックス・ホルクハイマー(一八九五—一九七三年)とテオドール・アドルノ(一九〇三—六九年)が『啓蒙の弁証法』(一九四七年)において言及し、批判した「適合能力に長けた、人間性の専門家」(Adorno, S. 11)とは、ハルダーに当てはまると言えよう。こういった意味でハルダーによるナチズムへの協調は、彼の人生に窺える処世術の一つの表れでもあったのかもしれない。こうした個人的な要素を度外視するにせよ、「第三の人文主義」の中にはハルダーの師イェーガーが示したようにナチズムへの抵抗のみならず協調へ向かう方向が孕まれていた。ハルダーはこうした揺れ動きのみならず、協調への傾きを体現していたと言うことができよう。

第三章　フリッツ
――「学問・大学の自由」の擁護から啓蒙主義へ

本章においては、第二次世界大戦後のフリッツによるナチズムに関する見解、研究を、同大戦後の学問上の関心（第一節）、ナチズムの経験を踏まえた研究（第二節）、フリッツについての総括（第三節）、という三つに分けて考察する。

第一節　第二次世界大戦後の学問上の関心

第三帝国下における人文主義的な古典研究は、先に触れたプラトンの受容に表れたように、大勢としてナチズムに順応した。フリッツのようにナチ体制に異議申し立てを行った人文主義者は、ごく少数であった。第二次世界大戦後いわゆる東西対立が始まり、イギリス・アメリカ合衆国を中心とする西側世界においては、かつての敵であったファシズムと目下の敵である共産主義を全体主義として同質的に捉え、これと西側世界の民主主義を対置することが一般化した。社会哲学者カール・ポパー（一九〇二―九四年）は『開かれた社会とその敵』（一九四五年）において、西側の民主主義的な「開かれた社会」に、ファシズムや共産主義という目的論的な歴史主義を対置した。そして後者の代表の一人はプラトンに求められ、ポパーはプラトンを激しく批判したのである。

こうした第二次世界大戦後の政治的、思想的な動向は、フリッツの学問上の関心にも影響を及ぼす場合があったと思われる。この問題に触れる前に、第I部の第三章で分類した同大戦以前のフリッツによる学問上の関心が、同大戦後にどのような発展を遂げたか、概観する。

アリストテレス研究は、『アリストテレス「アテナイ人の国制」と関連したテキスト』（一九五〇年）のみならずフリッツ晩年の論文集『アリストテレス研究への寄与』（一九八四年）として大成した。古代ギリシアの数学史については、『古えのピタゴラス主義者の下での数学者と口承主義者』（一九六〇年）、『ギリシアの論理学に関する著作』（一九七八年、全二巻）などの作品が展開する。古代ギリシア・ローマの歴史家、国制理論への関心は、『ギリシアの歴史記述』（一九六七年、全二巻）、『古代における混合政体の理論』（一九五四年）、『シチリアにおけるプラトンと哲学者支配の問題』（一九六八年）、『ギリシアとローマの国制史と国制理論に関する著作』（一九七六年）など多くの著作に結実した。古典研究の方法論や意義については、「古代学における解釈」（一九七一年）、先に触れた『アリストテレス研究への寄与』などの著作を含めることができる。古代ギリシアにおける言語表現や概念の創造、その普遍的な展開に関する著作としては、『古代学問史の根本問題』（一九七一年）が挙げられる。

第二節　ナチズムの経験を踏まえた研究

以上の研究においては第二次世界大戦前と同様、歴史学的‐実証的なアプローチが支配的である。ここからは、第二次世界大戦後のフリッツによる学問上の関心とナチズムとの関わりを、重要な局面に的を絞って検討してゆく。

「古代ギリシア・ローマにおける全体主義と民主主義」

右記の論文（一九四八年）は、彼によるナチズムの体験と古代ギリシア・ローマの国制への関心という両者が切り結んだ仕事である。フリッツは、ナチズムが体現したような近代の全体主義と類似した国制を、古代ギリシアのスパルタ、共和制ローマの末期に見出している。しかし古代と近代における全体主義国家の相違を実証的に明らかにし、前者の歴史から教訓を汲み取ることを試みている。彼による結論は、次のとおりである。

さらに共和制ローマの展開は、均衡をもたらす対抗力のシステムでは全体主義の成立を妨げられないこと、僭主制や暴君支配を次の場合に限って妨げられることも示す。それは、ある国の個々の政治的、経済的な党派や集団が自らの避けがたい闘争を自発的な妥協によって調停し、公共の利益を自らの狭隘で近視眼的な関心の上に置く用意がある場合である。（中略）中央政府から、危険なことに増大した権力の一部を取り去る唯一の有効な手段が存在する。（中略）それはすなわち、様々な住民のグループが問題の多くをできるだけ自ら主導権を握って解決すること、特に中央政府の救援組織に訴え続けることなく、（お互いの意見の）相違を自発的な妥協によって取り除く準備ができていることによる。もちろんこれは住民と、政府に属さない彼らの指導者の側に、高度な洞察と自己規律を要求する。（Fritz 1948, S. 602f.）

右の引用においてフリッツは、第I部第三章第三節で触れた、アメリカ滞在中に執筆した「共和制ローマの最終世紀における緊急権力」での洞察からさらに踏み込み、「僭主制や暴君支配を妨げられる」場合について考察を行っている。それは政府と関わらない住民のグループが自発的な妥協や問題解決を行い、私益よりも公益を重視する場合であるという。これは第二次世界大戦後、特に一九六八年以降ドイツ連邦共和国において積極的に実践された、「市民運動」、「非政府組織NGO」、「議会外反対派APO」の活動を思わせる。

『シチリアにおけるプラトンと哲学者支配の問題』

（哲）学者が同時代の政治といかに関わるべきか、という問いは、「忠誠宣誓」をめぐる争い以来、フリッツの関心を惹いていたと思われる。この問いを改めて取り上げたのが、『シチリアにおけるプラトンと哲学者支配の問題』である。この書物は、第二次世界大戦後ナチズムによる濫用の危険がなくなったプラトンの政治哲学、政治的な実践を、ポパーなどのプラトン批判に対して擁護することを目的としている。プラトンは、シチリアの政治家となった弟子ディオン（前四〇九―前三五四年）の招きに応えて、同国で理想国家の実現を企てた。しかし、それは失敗に終わらざるを得なかった。フリッツは同時代の共産主義とプラトンの国家哲学との相違を具体的に指摘し、ポパーによるプラトン批判の誤解を歴史的に訂正する。そしてプラトンの国家哲学を、「個人と国家の関わり」という問題の複雑さを理論的にも実践的にも明らかにしたがゆえに、評価する。かかる複雑な問題を前にして、政治的な行為はどうあるべきかという問いに、フリッツは次のように答える。

政治的な行為は、常にプロアイレシス（選択）、すなわちこの（個人の自由な展開への顧慮、全体の纏まりへの顧慮という）二つの原理の間で選択を強い、一たび歩まれた方向は、その方向を極端に至るまで進み破滅に至りかねない固有の刺激をもたらす。したがって、こうした運動を繰り返し正しい中間、つまりアリストテレスのいうメソンという逆の方向へ戻す矯正策が、不可欠である。かかる矯正策をアリストテレスは、正しいことと正しくないことに関する言論、と名付けた。それは、提示された根拠から決して結論や最終的な解決に達することのできない議論である。この議論についてアリストテレスは正当にも、人間を人間たらしめ、それなしに人間が完全に良い働きをする人間にはなり得ないもの、と語った。（Fritz 1968, S. 142f.）

かかる見解には、二〇世紀ドイツの歴史的な経験が反映しているように思われる。すなわちドイツは第一次世界大戦後、アテナイに譬えられ個人の自由な展開を重視したヴァイマル共和国から、スパルタを主たる模範とし民族共同体を重視した第三帝国へと政体が劇的に転換した。これは、かつてプラトンがペロポネソス戦争前後のアテナイについて述べた、「過度の自由は、個人においても国家においても、ただ過度の隷属状態へと変化する」（プラトン、六一二頁）に比すべき事態であった。フリッツは右の引用の前半部分において述べた、こうした個人または国家の重視という両極端への動揺の矯正策として、アリストテレスが説いた「正しいことと正しくないことに関する言論」を挙げる。これは人間性が成立する条件とされ、（ナチズムが大がかりに繰り広げた）宣伝の対極に位置付けられている（Fritz 1968, S. XIII）。このような言論は、本節の最初の引用（二二五頁）において述べられた「様々な住民のグループが問題の多くをできるだけ自ら主導権を握って解決」し、「（お互いの意見の）相違を自発的な妥協によって取り除く」手段であることが推測される。こうした開かれた言論は、第二次世界大戦後、ドイツ連邦共和国の社会哲学者ユルゲン・ハーバーマス（一九二八年―）が評価した、啓蒙主義以来の理性に基づく公共の議論に近かったと思われる。

晩年のフリッツ

フリッツは第二次世界大戦後も同大戦前と同様、少数派の意見を尊重し、一九六八年の学生紛争の際には、左派の学生が異論を持つ学生を排除しようとする動きを批判した。そして「必要なのは、（中略）自ら権力を求めないが、頑として自分自身の上に立って譲らず、権力を目指す人々に対抗する勇気を持つ男女」（Fritz 1980, S. 7）であると説いた。彼らの姿は、第Ⅰ部第三章第三節で引用した書簡（一九三三年三月）においてフリッツが評価した、民主制を支える「公の、あるいは隠れた貴族」の姿と重なるであろう。

彼が晩年、特に関心を寄せたのは環境破壊の問題である。フリッツは近現代の人間が快適さを求めて自然を搾取することを批判し、古代の自然観がそれを阻む参考になると考えた。しかし他方でフリッツは、古代にすでに自然環境の破壊が始まったと考え、環境保護などに関して古代を模範と警告の両面から捉える著書『古代の国家哲学、社会哲学の原理、その現代への意義』を計画していた。彼は「緑の党」の前身の一つである政党「独立ドイツ人からなるオールタナティブ」に加入し、「緑の党」が小政党で連邦議会において議席を獲得する前から、同党を支援している（Fritz 1979, S. 7）。「誘惑されることのない超然たる精神」は、晩年のフリッツにおいてもなお生きていた。

第三節　フリッツについての総括

彼に関しては、「忠誠宣誓」をめぐる争いを中心に据え、この争いとその前後における彼の学問上の関心との関わりを探ってきた。ところでフリッツによる「忠誠宣誓」への異議申し立ては実は取り越し苦労だったのではないか、どの程度、実効性があったのか、と問うことができるかもしれない。ドイツの大学においては一九三三年以降四五年に至るまで、「誰一人として精神科学の研究者に、自らの確信に反することを教え、書くよう強制できなかった」（Werner, S. 77）ことが指摘されているからである。しかしかかる学者は「ナチ党のテーゼや国家の措置に公の場で反対の態度を取れず、自らの専門領域においてのみ邪魔されなかった」(ebd.) だけではない。彼らの一部は第二次世界大戦後、次のような深刻な倫理的危機に直面する。

ドイツにおいて自らの専門でひとかどの業績を成し遂げた学者は、政治的な関心を抱いたり、それどころか政治的に活動することは稀であった。(中略)(ナチ)政府のテロの下、魂に重荷を負い自らの良心のみに従い自らの義務を最後まで全うしたドイツの学者は、辛い試練を受けた。(中略)彼らは今や(第二次世界大戦直後)自らの国の全面的な崩壊に直面し、戦争と、「ドイツ民族の名」において犯されたあらゆる残虐行為への罪を、ドイツと呼ばれるあらゆるものへ向けられる憎しみの波と恥辱を、希望がほとんど見えない未来の重荷として感じている。(中略)彼らは、大学教員が国家公民として、何よりも国家公民としての義務を果たさなければならないという洞察を、非常に多くの犠牲を払った末に得たのである。(ebd., S. 81)

国家公民の義務には、不法政権の不当な政策に対する不服従が含まれる(これは、ナチズムの経験を経てはっきり言えるようになったことである。不法政権が不法政権たるゆえんはすぐには認識されず、ようやく後に明らかになる場合が多いにせよ)。フリッツによる「忠誠宣誓」への異議申し立ては、その一つの例であった。「忠誠宣誓」をめぐる争いの後の第三帝国の展開すなわちそのスパルタ化は、「学問・大学の自由」の制限が、どのような帰結をもたらすか、(憲法闘争や「シュパーン事件」の場合とは異なり）明確に示した。これを踏まえて第二次世界大戦後のフリッツの学問上の関心の一つが、次のような問いとして結実する。すなわち古代ギリシア・ローマを鑑として、独裁制や全体主義を阻むには、一般市民のどのような行為が必要なのか。こうした問いから、かつてフリッツが一九三四年に「忠誠宣誓」に関する但し書きの中で述べた、「最善の知識と良心にしたがって真理だけを教える」（第Ⅰ部第三章第三節、「「忠誠宣誓」をめぐる争い」（九五頁）参照）という大学教員の義務、「認識を深め続け、それと共にまだ不完全にしか認識されていないものを修正」（同上（九六頁）参照）することへの尽力は、一九六八年には一般市民が政治的な決断を下す際の「正しいことと正しくないことに関する言論（中略）、提示された根拠から決して結論や最終的な解決に達することのできない議論」（本章第二節（二二六頁）参照）に重ねられた。こうして人文主義者フリッツによるナチズムへの抵抗の意義は、大学が（政治的な判断能力を持つ）「国家公民」を教育し、形成する一つの重要な場であることを、改めて明らかにした点にあったのではなかろうか。

フリッツが「人文主義の無力への反証」（Hölscher 1970, S. 1）たり得た要因として、彼が「第三の人文主義」が代表するような、同時代のドイツにおける人文主義の主流から離れていた点が挙げられる。フリッツは「第三の人文主義」が乗り越えを図った歴史学的 - 実証的な研究の系譜を継ぎ、その言行、学問上の関心にはレッシング以来の啓蒙主義の影響が認められた。彼が同時代の人文主義の主流から離れていたことは、彼が（人文主義ギムナジウムではなく）実科ギムナジウムを卒業した、きわめて稀な人文主義者であった点に表れていただけではない。フリッツの研究上の関心は、ソクラテスやプラトンの周辺の人物、アリストテレスといった同時代に不人気な、あるいは古代の数学史といった新しい分野などにも向けられ、同時代のドイツの人文主義において支配的であったプラトン研究から一線を画していた。スパルタについて論じることも少なかった。ヘルムート・フラスハー（一九二九年—）はフリッツのことを、「世界中に知己を得たにもかかわらず、偉大な一匹狼」（Flashar）であったと評している。

小括

第一章から第三章にかけて、イェーガー、ハルダー、フリッツそれぞれの第二次世界大戦後の言行、研究上の歩みを追ってきた。第Ⅲ部の最後に、ナチズムの経験がこの三人の人文主義者の研究に第二次世界大戦後、いかなる影響を及ぼしたのか、相互に関連付けつつまとめておきたい。

イェーガーについては第二次世界大戦後、「第三の人文主義」を新人文主義に対して際立たせるはずであった特徴、すなわち「政治的な人間の教育」という構想が脱落した。その際、彼が第二次世界大戦後に主題的に研究を行った「観想的な生」は、彼がその乗り越えを図った「美的で文学的で非政治的」な新人文主義と重なる点があった。それは新人文主義者ニートハンマーが（新人文主義の対抗思潮である汎愛（実科）主義に対して、キリスト教との関連の下）、かかる「観想的な生」を評価したとおりである。[1] そもそも新人文主義者が依拠した形式陶冶の理念は、信仰に譬えられた古典語との取り組みが（政治も含めた）行為へ寄与することを説いていた（曽田 二〇〇五、九〇―一〇六頁）。これは、イェーガーが説いた「政治的な人間の教育」のコンセプトと本来、矛盾するものではなかった。

ハルダーに関しては、（東方への侵略を含蓄した）人種主義からオリエンタリズムへの連続を指摘した。これはギリシア・ローマ古典古代の非ヨーロッパの文化・文明に対する優位という認識に裏打ちされており、「第三の人文主義」圏内の人文主義者のみならず、すでに新人文主義者のヴォルフ

（Wolf, S. 817）などに広く共有されていた。このようなドイツの人文主義者に伝統的な心象地理は、東西冷戦体制下、再びアクチュアルとなったのである。

フリッツは、第二次世界大戦後も新人文主義の流れを汲む歴史学的 - 実証的な研究を主として継続した。そして「第三の人文主義」が放棄し、新人文主義に孕まれていた「政治的な人間の教育」のコンセプトを、（新人文主義におけるように形式陶冶によってではなく）批判的な公論という新しい形で追究していったと考えられる。この批判的な公論はハーバーマスが説いたように啓蒙主義に淵源し、新人文主義とも関連があった（曽田 二〇一七）。

ナチズムの経験は、これら三人の人文主義者に、第二の人文主義である新人文主義への回帰ないしは接近を促す役割を、それぞれの仕方で果たしたと考えられる。

結語

一八世紀後期以降のドイツ人は、古代ギリシアに大きな愛着を寄せてきた。これは、ヨーロッパ出身のアメリカ合衆国の人々が（エジプトを脱出した）旧約聖書の民に特別な想いを寄せたことと類比可能なものであった。

筆者はこれまでの論述において、ドイツ人による古代ギリシアへの愛着が一八世紀後期以降、一貫して保たれつつも、両者の関わりが「ドイツとアテナイの（人間性、文化を介した）親縁性」から「ゲルマン人とスパルタ人の（人種を介した）親縁性」へと大きな流れとして変化し、ナチズムの台頭に至った経緯、第三帝国のスパルタ受容を検討した。ベルリン・オリンピックの開催に先立ってゲッペルスなどは一九三五年初頭、オリンピックのための訓練に向けて、次のようなアピールを発布している。

我々ドイツ人は、久しく精神の王国で指導的な役割を演じることに甘んじてきた。他国民が我々ドイツ人を「詩人と思想家の民族」と名付けたとおり、ドイツ民族は過酷な現実にあって、自らの政治的な存在の現実的な基礎を作り出すことが、長い間できなかった。ドイツを見舞った（第一次世界大戦中、同大戦後の）困難な運命は、仮借なくひるむことなく現実を直視し、幻想の世界

に自らを失うことのない新しい世代を教育した。精神の形成は、身体の教育に場を譲った。(Olympia, S. 76)

ナチズムによるスパルタを模範とした一連の施策は、ドイツでのオリンピックの開催のみならず、ドイツの社会や国家を改造する強力な梃子となるべきであった。そもそもアテナイが代表する文化的な要素とスパルタが代表する軍事的な要素は、ドイツの国家に共に孕まれていたと考えられる。ヴォルテール(一六九四—一七七八年)はフリードリヒ二世治下のプロイセンの宮廷に滞在し、プロイセンは「アテナイとスパルタ、エピクロス(前三四一頃—前二七〇年頃)の園と軍営、ヴァイオリンとトランペット、哲学と戦争のようである」(Volz, S. 241)と評している。ここでヴォルテールは、フリードリヒ二世が昼は軍隊の訓練に努めながらも、夜はサンスーシ宮殿でフルートの演奏を楽しんだことを当てこすっている。一八世紀後期の新人文主義以降、アテナイが国家の表層にある時期が長く続き、第三帝国の時代に至ってスパルタが国家の前面に躍り出た。しかしそれぞれの時期においてスパルタ的なもの、アテナイ的なものは完全に否定されたわけではなく、伏流していたと考えられる。

古代ギリシアという規範への囚われ

一八世紀末期ドイツの隣国フランスにおいては革命が勃発し、キリスト教が代表する旧体制と啓蒙主義が代表する新体制との対立が激化した。ドイツにおいてはフランス革命の刺激を軍事、経済などの改革に取り入れる一方、中等・高等教育においては(キリスト教に比すべき絶対的な規範の前提された）古代ギリシア語・ラテン語、古代ギリシア（・ローマ）の古典作品との取り組みを経た人間形成によって、（実践への寄与など）啓蒙主義の取り入れに対応した心性《エートス》の涵養を目指した。これが、ドイツ型教養の理念の成立である。宗教改革、その後の宗派戦争の時期、一部の人文主義者はカトリックとプロテスタントの対立の和解に努めた。これと似て一八世紀末期、ドイツの一部の新人文主義者はキリスト教と啓蒙主義の対立の融和を試みた。その結果ドイツ古典主義による人間性や文化の理念が生まれ、一九世紀ドイツの人文主義的な市民文化を基礎付けた。

一九世紀から二〇世紀初期にかけて、人間性を中心とするドイツの文化、国家、社会の様々な行き詰まりが問題となってゆく。そうした中で、近代の根源たるアテナイが代表する古典期の古代ギリシアに代わって、前古典期のスパルタが注目を浴びてゆく。近代の様々な問題や矛盾の解決策として、啓蒙主義やキリスト教が成立した以前の、近代の歪みから自由とされたスパルタへの回帰は、魅力的に映った。ナチズムが依拠した人種主義、優生学、「血と大地」などの主張は、それが近代の自然科学の発展に部分的に沿うものであったにせよ、健全な人間理性にとって荒唐無稽に響きかねなかった。しかしかかる主張は、スパルタという歴史上の模範に基礎付けられ、ドイツの伝統的な古代ギリシア崇拝の流れに回収されることによって、信憑性を得たのではないか。ヴェーバーは、次のように語っている。「理念ではなく、（物質的で理念的な—原注）利害が直接に人間の行為を支配する。しかし「理念」によって作られた「世界像」は非常にしばしば転轍機として、そこで利害のダイナミズムが行為を動かす道を決定した」（Weber, S. 101）。この言葉に則るのであれば、「ドイツとギリシアの親縁性」という「世界像」は、（アテナイ崇拝からスパルタ崇拝への）転轍機の役割を果たしたと言えよう。一九一七年にはロシア革命が勃発した。これも与り、ドイツの人文主義においてはかつての（フランスなど）西の脅威のみならず（ソ連など）東の脅威が強調された。しかし「第三の人文主義」は、一九一八年には国内でも起きた革命という刺激に対して、フランス革命期の新人文主義のように独自の教養の理念を生み出し、様々な対立要素の総合を示すことはなかった。

　本論においては第三帝国のスパルタ受容と並んで、三人の人文主義者による第三帝国への傍観、協調、抵抗を、同帝国の成立以前から崩壊後に至るまで検討した。人文主義的な古典語教育・古典研究のステイタスは一九世紀末期以後、低下しており、「第三の人文主義」は古代ギリシアという規範の新たな立ち上げを目指した。その際ドイツの人文主義者の多くは、（「人道・人間愛」を含めた）人間性の理想よりも、古代ギリシアの規範性を、それがたとえ非人間的なものであっても、しばしば学問や教養の名の下に守ることを優先した。例えばベルヴェは非ナチ化の審査に対する抗告書において、次のように述べている。「歴史家の課題は、（非ナチ化委員会の）委員長が想定しているように見えるのとは異なり、人間性という理念や人類の改善に仕える点にあるわけではない。歴史学の課題は他の学問と同様、真理に仕える点にある」（Berve 1948, S. 7）。この引用部の前半は、彼によるスパルタへの高い評価と符合している（真理の追究はフリッツにおいてはナチズムに抵抗し、ベルヴェにおいてはナチズムに協調する理由となった）。イエーガーも『パイデイア』第一分冊において人間性《フマニタス》を「人道・人間愛」ではなく教養として理解し（第I部第一章第三節（四一頁）参照）、古代ギリシアの規範の維持に尽力し、「スパルタの国家教育」を賛美した。他方、同時代の政治にほぼ無関心であった（同上（四七、五〇頁）参照）。第二次世界大戦後、第三帝国と「第三の人文主義」は、共にニヒリズムの名の下に批判されたのである。これは宿命的であったといえよう（「人道・人間愛」を含めた人間性を重視した人文主義者は、初期のハルダー、コンラート・ツィークラー（一八八四―一九七四年）など僅かであった）。

二〇世紀ドイツの人文主義――折衷性の功罪

第二次世界大戦後、ナチズムを主として傍観したイェーガーはキリスト教に近い人文主義に依拠し、ナチズムと協調したハルダーは人種主義を完全に清算することなく、ナチズムに抵抗したフリッツは啓蒙主義に近い人文主義へ向かい、研究を続行した。これはキリスト教と啓蒙主義の総合として成り立った、かつての新人文主義の分解を示しているといえよう。新人文主義者ヴォルフのプログラムに孕まれていた、一方で古代ギリシア（・ローマ）の規範の立ち上げ、他方で歴史学的‐実証的な研究という両面から、「第三の人文主義」は前者、フリッツは後者を発展的に継承した。したがって二〇世紀ドイツの人文主義はナチズムとの関わりを経て、ある意味で独立した思想としての弱さ、折衷的な性格を露呈したと言えるのではないか。

こうした二〇世紀ドイツにおける人文主義の一種の限界は、新人文主義と「第三の人文主義」との以下のような相違からも明らかである。新人文主義はドイツ観念論という（人間の主観性を出発点とする）哲学によって基礎付けられ、（人間性を賛美する）ドイツ古典主義という芸術運動による追い風を受け、プロイセンを初めとする諸領邦国家の支援（人文主義ギムナジウムの制度化など）を受けた。他方「第三の人文主義」は、同時代の新しい哲学（例えば前古典期のギリシアに注目したハイデッガー）、新しい芸術（例えばプラトンを崇拝したゲオルゲ・クライス）と切り結ぶことなく、それらとすれ違うか距離を置き、国家（ヴァイマル共和国および第三帝国）の支援を本格的に得ることはなかった。ここからも「第三の人文主義」が「第三の」という呼称にもかかわらず、同時代の文化全体のルネサンスに至らなかったことが理解できる。

しかし二〇世紀のドイツにおける人文主義の折衷的な性格は、人文主義者の立場からは否定的にのみ捉えるべきでないのかもしれない。ヴァイマル共和国から第三帝国を経てドイツ連邦共和国に至る激動の時代、人文主義は国家・社会へ柔軟に適合する力を発揮した。イェーガー、ハルダー、フリッツはそれぞれこの三つの政体において、人文主義と同時代の国家・社会との関わりを、ある意味で代表する人文主義者となったのである。

注

［序］

1　この出典の教示を、ブッデンブロークハウス文書館・図書館長のブリッタ・ディットマン氏に感謝する。

2　彼の姓は正しくはフォン・フリッツだが、慣用にしたがってフォンは省き、以下フリッツとのみ表記する。

3　白人と黒人の（一代目の）子供。

4　このギリシア（・ローマ）というやや不自然な表記は、新人文主義において古代ローマが古代ギリシアよりも一般に規範として軽視されたことを表している。「第三の人文主義」に至っては、古代ギリシアと古代ローマの対立関係が和らぎ、前者が後者を包摂すると考えられたため、古代ギリシア・ローマと表記する。以下、同様。

第Ⅰ部

1　ナチ政権下、否定的な含蓄を伴った「人文主義」を避けるため、学校の名称も一九三八年の学制改革で同様に改称された。しかし以下の記述において、ナチ政権下におけるギムナジウムについても、その教授内容は古典語重視であり続けたため、原則として人文主義ギムナジウムと表記する。

［第一章］

1　第一次世界大戦でドイツが敗れたのは、国内で戦争遂行を妨害した社会主義者やユダヤ人のせいであるとする説。

2　この一節は第二版で削られたため、初版より引用した。

3　『パイデイア』第二分冊ドイツ語版の刊行（一九四四年）が、その例である。中立国のスイスを介して、同書の原稿を第三帝国へ持ち込んだことが明らかにされている（Königseder, S. 223)。

［第二章］

1 ボイムラーは「身体訓練の哲学」を推奨した。

2 ハルダーは一九四一年初頭に提出した「精神史研究所」の研究課題の概略において、「北方の血を持つ古代民族における人種の性状、人種本能、人種意識、人種政治に関する資料の収集と価値評価に専念したい」（Losemann 1977, S. 149）と記している。

3 上から下へ垂直に記された文字。

4 ハルダーが占領した東部地域の住民を意識していたことを推測させるものとして、ヴィクトール・ヘーン（一八一三―九〇年）の研究を評価している点が挙げられる（Harder 1942, S. 757）。ヘーンはバルト海沿岸出身のドイツ人として、反ロシア的、反ユダヤ主義的な書物を著しており、ハルダーはヘーンの反ロシア的な文書を「ローゼンベルク機関」から刊行することを計画していた（Losemann 1977, S. 171f.）。第Ⅱ部第二章第四節（一四五頁）も参照。

5 以下この配布文書からの引用は、Lill, S. 193-208 を参照。

6 第一の鑑定書は一九四三年二月一七日、第二の鑑定書は同年同月一八日に提出。以下の鑑定結果のまとめは、Lill, S. 209-216 による。

7 第一配布文書においては、スパルタに似た第三帝国がシラーの「リュクルゴスとソロンの立法」を借りて批判され、ローマの将軍でありながらもローマから追放され、母と妻に涙を流させたくないためローマの攻略を諦めたガイウス・マルキウス・コリオラヌス（前五二七―前四八八年頃）が称賛され、ギリシアの七賢人の一人エピメニデス（前七―前五世紀頃）を詠ったゲーテの祝祭劇「エピメニデスの覚醒」の一節が引用されている。第三配布文書においては、冒頭で「民衆の安寧が最高の法でなければならない」というキケロの言葉がラテン語で引用され、彼の国家哲学に照らして第三帝国が批判され、その政体が（アリストテレス『政治学』に依拠して）古代ギリシアの僭主制に譬えられている。

8 「ソクラテスに起きた不法行為は、法令ではなく人間が加えた（54C―原注）。つまりここで法令は、国家権力の個々の行為とは区別されている。法令は、〔国家権力よりも〕何かより高いものである」（Harder 1934b, S. 238）、「国家は正しくない。だが国家の中で起きる不法行為は、「人間」によって起きる。しかしながら国家とその不法行為に従い、国家の判決と国家の不当な判決に聞き従う――この法令は永遠である」（ebd., S. 239f.）。

9 「被支配者の安寧のための配慮は、ここ〔キケロによる、弟クィントゥス宛の書簡〕では、明確に人間性《フマニタス》の義務とされる」（Harder 1934a, S. 410）。

10 コーカソイドに属する人種の下位区分。主にバルカン半島北西部に分布するとされた。

11 ハルダーは、古典文献学など「世俗に疎い」学科の存続の可能性がナチズムによって脅かされ、それを「精神史研究所」の設立によってナチ政権から守ろうとした、と第二次世界大戦後に記している（Schott, S. 496）。

［第三章］

1 フリッツはこれを、「政治的な抑圧に対して学問の自由を守る集会に何度か参加した」（本節、「「忠誠宣誓」をめぐる争いの前」〔九一頁〕参照）際、監視されていたことに帰している（Fritz 1933a, S. 2f.）。

2 一九三三年四月「職業官吏再雇用法」の施行と関連して、祖先に非アーリア人がいないか当局に尋ねられ、フリッツは次のように答えた。「私の祖先がインドやペルシアから移住してきたのか、わかりません。しかしこの問いで私の祖先にユダヤ人がいるのか否かを知りたいのであれば、それは証明できません」（Fritz 1975, S. 1）。ナチ政権の成立後、フリッツはナチ教員連盟への加入を勧められたが、彼は他の多くの同僚と同様、加入申し込み書を「読まずに紙屑箱へ捨てていた」（ebd.）。

3 以下のまとめは、Goetz, S. 11-19 に拠る点が多い。

4 一八五九年から六六年にかけてのプロイセンにおいて、軍制改革および国王と議会の間の権力の分割をめぐって起きた闘争。

5 一九〇一年、プロイセン国家はカトリック教徒のマルティン・シュパーン（一八七五―一九四五年）をストラスブール大学史学講座に招聘しようとした。これが（宗派的な背景によらない）「無前提の学問」に抵触するとして、論争が起きた。

［小　括］

1 スネルとシュヴァルツの師弟関係については、Alpers, S. 94.

2 「事柄の大小にかかわらずいかなる労苦も厭わず、いかなる疑いも回避せず、伝承や自らの知識のいかなる欠陥も糊塗せず、常に自己と他者に釈明を行う、仮借なく誠実な真理の探究」（Mommsen 1869, S. 459）。

第Ⅱ部

［第二章］

1 ドーリア人は、アカイア人、イオニア人などと並ぶ古代ギリシア人の集団名。ドーリア人の中で最も重要な部族が、スパルタ人であった。

2 これをヒトラーは、ホルシュタインで見つけたドイツの質素なスープ（シュヴァルツザウアーのことか）に譬えていた（Picker, S. 139）。

3 プルタルコスにおける「軍営」は、Feldlager とドイツ語訳された（Plutarch, S. 156）。

4 この演説はナチ党の中央機関紙『フェルキッシャー・ベオバハター』一九四三年二月二日号に掲載され、ドイツ国民の広く知るところとなった。

［第三章］

1 古代のセム系民族によって信仰された神。子供を人身御供に捧げるとされた。

［第四章］

1 ドイツの象徴主義の詩人シュテファン・ゲオルゲ（一八六八―一九三三年）を崇拝し、彼の周囲に集まった弟子たちのグループ。二〇世紀初期ドイツの学芸に影響を与えた。

［小 括］

1 ベルヴェについてはLosemann 1998, S. 122、イェーガーについてはJaeger 1936, S. 118、ベンについてはLosemann 1998, S. 128を参照。

2 ニーチェ「反時代的考察第二論文――生に対する歴史研究の利害」を参照。

第Ⅲ部

［第一章］

1 本文でも述べたように、この論文は基本的にJaeger 1948の英語版であるが、加筆修正がかなり施されている。

2 第Ⅱ部第二章第三節（一四一―一四三頁）で論じたラーガーは、「観想的な生」を対抗像として創設された（Arp, S. 32)。

［小 括］

1 ニートハンマーは新人文主義を、キリスト教中世においてしばしば「観想的な生」や（行為に対する）信仰の体現とされた、新約聖書中のベタニアのマリアに譬えている（曽田 二〇一六、一一六―一一七頁）。

［結　語］

1　これについては、曽田 二〇二一を参照。

文献目録

略号（遺稿等の所在資料館、図書館）

BAdW: Bayerische Akademie der Wissenschaften, München.

BSB: Bayerische Staatsbibliothek, München.

欧語文献

Abernetty = Abernetty, Walther: Was ist heute der Deutsche Philologenverband, und welche Aufgaben hat er in der nächsten Zeit zu erfüllen? in: Mitteilungen des Deutschen Altphilologen-Verbandes, Jg. 2, 1928, Heft 1, S. 2-5.

Adorno = Adorno, Theodor W./Horkheimer, Max: Dialektik der Aufklärung. Philosophische Fragmente, in: Adorno, Theodor W.: Gesammelte Schriften, Bd. 3, Frankfurt am Main 1981.

Albertz = Albertz, Anuschka: Exemplarisches Heldentum. Die Rezeptionsgeschichte der Schlacht an den Thermopylen von der Antike bis zur Gegenwart, München 2006.

Alkemeyer = Alkemeyer, Thomas: Körper, Kult und Politik. Von der »Muskelreligion« Pierre de Coubertins zur Inszenierung von Macht in den Olympischen Spielen von 1936, Frankfurt/New York 1996.

Alpers = Alpers, Klaus: Klassische Philologie an der Universität Hamburg in der ersten Hälfte des 20. Jahrhunderts, in: Philologica Hamburgensia II. Altphilologen in Hamburg vom 17. bis 20. Jahrhundert,

Herzberg 1990, S. 79–102.

Aly = Aly, Wolfgang: Was hat uns Nationalsozialisten die antike Welt an völkischen Werten zu schenken? in: Die deutsche Revolution im altsprachlichen Unterricht, hrsg. v. Karl Friel, Frankfurt am Main 1936, S. 1–37.

Andres = Andres, Stefan: Der Mann von Asteri. Ein Roman, Berlin 1939.

Apel = Apel, Hans Jürgen/Bittner, Stefan: Humanistische Schulbildung 1890–1945. Anspruch und Wirklichkeit der altertumskundlichen Unterrichtsfächer, Köln/Weimar/Wien 1994.

Arendt = Arendt, Hannah/Blücher, Heinrich: Briefe 1936–1968, hrsg. und mit einer Einführung v. Lotte Köhler, München 1996.

Arp = Arp, Wilhelm: Erziehung im Lager, in: Nationalsozialistisches Bildungswesen, Jg. 4, 1939, Heft 1, S. 29–42.

Baeumler = Baeumler, Alfred: Der Kampf um den Humanismus, in: Politik und Erziehung. Reden und Aufsätze, Berlin 1937, S. 57–66.

Benn = Benn, Gottfried: Dorische Welt. Eine Untersuchung über die Beziehung von Kunst und Macht, in: Gesammelte Werke in vier Bänden, hrsg. v. Dieter Wellershoff, Bd. 1, Wiesbaden 1965, S. 262–294.

Berliner Illustrierte Zeitung = Berliner Illustrierte Zeitung.

Bernard = Bernard, Wolfgang: Der verweigerte Eid: Der Gräzistikprofessor Kurt von Fritz, in: Die Universität Rostock in den Jahren 1933–1945, hrsg. v. Gisela Boeck u. Hans-Uwe Lammel, Rostock 2012, S. 71–90.

Bernett = Bernett, Hajo: Der Diskuswerfer des Myron: Geschicke eines Idols in Wechselfällen der Politik, in: Stadion. Internationale Zeitschrift für Geschichte des Sports, Bd. XVII, 1991, Heft 1, S. 27–51.

Berve 1935 = Berve, Helmut: Zur Kulturgeschichte des alten Orients, in: Archiv für Kulturgeschichte, Bd. 25, 1935, S. 216–230.

Berve 1937 = Berve, Helmut: Sparta, Leipzig 1937.

Berve 1938 = Berve, Helmut: Staat und Staatsgesinnung der Griechen, in: Neue Jahrbücher für Antike und deutsche Bildung, Jg. 1, 1938, S. 3–16.

Berve 1948 = Berve, Helmut: Betreff: Berufung gegen den Spruch der Spruchkammer X vom 11. 3. 48 gegen Dr. Helmut Berve, Universitätsprofessor, geb. 22. 1. 1896 in Breslau, wohnhaft in München, Herzogst. 60, in: Nachlaß Helmut Berve, Ana 468, C.1, 25, BSB.

Bogner = Bogner, Hans: Die Behandlung der Antike im nationalsozialistischen Geschichtsunterricht, in: Vorträge der Ersten Geschichtstagung des NS-Lehrerbundes in Bremen vom 28. September bis 6. Oktober, hrsg. v. M. Edelmann, Leipzig 1935, S. 13–19.

Borchardt = Borchardt, Rudolf/Jaeger, Werner: Briefe und Dokumente 1929–1933, hrsg. v. Ernst A. Schmidt, München 2007.

Bormann = Hitlers politisches Testament. Die Bormann Diktate vom Februar und April 1945. Mit einem Essay von Hugh R. Trevor-Roper und einem Nachwort von André François-Poncet, Hamburg 1981.

Bürgener = Bürgener, Martin: Spartanische Jugend, in: Wille und Macht, Jg. 2, 1934, Heft 4, S. 2–5.

Burleigh = Burleigh, Michael : The Third Reich - a new history, New York 2000.

Busch = Busch, Eberhard: Karl Barths Lebenslauf. Nach seinen Briefen und autobiographischen Texten (1975), München ^{3}1978.

Calder III = Calder III, William M.: Men in Their Books. Studies in the Modern History of Classical

Scholarship, edited by John P. Harris and R. Scott Smith, Hildesheim/Zürich/New York 1998.

Chapoutot = Chapoutot, Johann: Der Nationalsozialismus und die Antike, aus dem Französischen v. Walther Fekl, Darmstadt 2014.

Christ 1986a = Christ, Karl: Spartaforschung und Spartabild, in: Christ 1986b, S. 1–72.

Christ 1986b = Christ, Karl (Hrsg.): Sparta, Darmstadt 1986.

Corni = Corni, Gustavo/Gies, Horst: "Blut und Boden". Rassenideologie und Agrarpolitik im Staat Hitlers, Idstein 1994.

Darré 1929 = Darré, R. Walther: Das Bauerntum als Lebensquell der Nordischen Rasse (1929), München ^{3}1933.

Darré 1940 = Darré, R. Walther: Vom Lebensgesetz zweier Staatsgedanken (Konfuzius und Lykurgos), Goslar 1940.

Diem = Diem, Carl: Der olympische Gedanke im neuen Europa, Berlin 1942.

Dokumentation = Dokumentation. Aus einem Referat von Reinhard Appel vom 28. April 1984 in der Führungs- und Verwaltungsakademie in Berlin, in: Zeitschrift für Sozial- und Zeitgeschichte des Sports, Bd. 1, 1987, S. 105.

Domarus = Domarus, Max: Hitler. Reden und Proklamationen 1932–1945, kommentiert von einem deutschen Zeitgenossen, Bd. II, Zweiter Halbband 1941–1945, München 1965.

Drexler = Drexler, Hans: Der dritte Humanismus. Ein kritischer Epilog (1937), Frankfurt am Main ^{2}1942.

Eberhardt 1935a = Eberhardt, Walter: Humanismus im neuen Deutschland. Eine Auseinandersetzung mit Jaegers „Paideia", in: Die Deutsche höhere Schule, Bd. 2, 1935, Heft 10, S. 301–305.

Eberhardt 1935b = Eberhardt, Walter: Die Antike und wir, in: Nationalsozialistische Monatshefte, Heft 59, 1935, S. 115–127.

Ehmer = Ehmer, Wilhelm: Der Schild vor Europa, in: Signal 1943, Nr. 6, 2. März-Heft, S. 2–8.

Ehrenberg 1929 = Ehrenberg, Victor: Sparta (Geschichte), in: Paulys Real-Encyclopädie der classischen Altertumswissenschaft, Zweiter Reihe, 6. Halbband, Stuttgart 1929, S. 1373–1453.

Ehrenberg 1935 = Ehrenberg, Victor: Ost und West. Studien zur geschichtlichen Problematik der Antike, Brünn/Prag/Leipzig/Wien 1935.

Ehrenberg 1946 = Ehrenberg, Victor: Ein totalitärer Staat (1946), aus dem Englischen übersetzt von Karl Nicolai, in: Christ 1986b, S. 217–228.

Eichhorn = Eichhorn, Friedrich: Das Reichssachgebiet „Alte Sprachen“ im NSLB und der altsprachliche Unterricht im Dritten Reich, in: Ziele und Wege des altsprachlichen Unterrichts im Dritten Reich, Stuttgart 1937, S. 1–23.

Erziehung = Erziehung und Unterricht in der höheren Schule: amtliche Ausgabe des Reichs- und Preußischen Ministeriums für Wissenschaft, Erziehung und Volksbildung, Berlin 1938.

F. B. = F. B.: Die humanistische Bildung im neuen Deutschland, in: Das humanistische Gymnasium, Jg. 44, 1933, Heft 6, S. 193–201.

Flashar = Flashar, Hellmut: Forschung als Spiegel des Lebens, in: Frankfurter Allgemeine Zeitung, 26. 7. 1985.

Fleischer = Fleischer, Hagen: Die “Viehmenschen” und das “Sauvolk“. Feindbilder einer dreifachen Okkupation: der Fall Griechenland, in: Kultur, Propaganda, Öffentlichkeit. Intentionen deutscher

Besatzungspolitik und Reaktionen auf die Okkupation, hrsg. v. Wolfgang Benz, Gerhard Otto, Anabella Weismann, Berlin 1998, S. 135–170.

Fritsch = Fritsch, Andreas: Die altsprachlichen Fächer im nationalsozialistischen Schulsystem. Zur Situation des altsprachlichen Unterrichts zu Beginn der nationalsozialistischen Herrschaft (1933–1936), in: Schule und Unterricht im Dritten Reich (1989), hrsg. v. Reinhard Dithmar u. Wolfgang Schmitz, Ludwigsfelde ^{2}2003, S. 153–188.

Fritz 1931 = Fritz, Kurt von: Der Ursprung der aristotelischen Kategorienlehre (1931), in: Schriften zur griechischen Logik II: Logik, Ontologie und Mathematik, Stuttgart-Bad Cannstatt 1978, S. 9–51.

Fritz 1932 = Fritz, Kurt von: Die neue Interpretationsmethode in der klassischen Philologie, in: Neue Jahrbücher für Wissenschaft und Jugendbildung, Jg. 8, 1932, S. 339–354.

Fritz 1933a = Fritz, Kurt von: Brief an Mädi (seine Schwester Olga), 3. 2. 1933, in: Nachlaß Kurt von Fritz, Karton 25, BAdW.

Fritz 1933b = Fritz, Kurt von: Brief an Mädi (seine Schwester Olga), 12. 3. 1933, in: Nachlaß Kurt von Fritz, Karton 25, BAdW.

Fritz 1938 = Fritz, Kurt von: Philosophie und sprachlicher Ausdruck bei Demokrit, Plato und Aristoteles (1938), Hamburg ^{2}1966.

Fritz 1941 = Fritz, Kurt von: Conservative Reaction and One Man Rule in Ancient Greece (1941), in: Fritz 1976, pp. 229–255.

Fritz 1942 = Fritz, Kurt von: Emergency Powers in the Last Centuries of the Roman Republic (1942), in: Fritz 1976, pp. 388–406.

Fritz 1948 = Fritz, Kurt von: Totalitarismus und Demokratie im Alten Griechenland und Rom (1948), in: Fritz 1976, S. 567–603.

Fritz 1961/62 = Fritz, Kurt von: Autobiographische Skizze, 1961/62, in: Nachlaß Kurt von Fritz, Karton 18, BAdW.

Fritz 1968 = Fritz, Kurt von: Platon in Sizilien und das Problem der Philosophenherrschaft, Berlin 1968.

Fritz 1975 = Kurt von Fritz: Brief an das Institut für Zeitgeschichte, 22. 11. 1975, in: Nachlaß Kurt von Fritz, Karton 18, BAdW.

Fritz 1976 = Fritz, Kurt von: Schriften zur griechischen und römischen Verfassungsgeschichte und Verfassungstheorie, Berlin 1976.

Fritz 1979 = Fritz, Kurt von: Antwort auf das Institut für Zeitgeschichte, 23. 4. 1979, Biographisches Handbuch der deutschsprachigen Emigration nach 1933, in: Nachlaß Kurt von Fritz, Karton 18, BAdW.

Fritz 1980 = Fritz, Kurt von: Brief an Graf Christian von Krockow, 23. 9. 1980, in: Nachlaß Kurt von Fritz, Karton 18, BAdW.

Gass-Bolm = Gass-Bolm, Torsten: Das Gymnasium 1945–1980. Bildungsreform und gesellschaftlicher Wandel in Westdeutschland, Göttingen 2005.

Gebhardt = Gebhardt, Wolfgang: Spartanische »Pimpfe«. Adolf-Hitler-Schule Weimar, Arbeitsbericht und Elternbrief, 11, 1938/39. in: Losemann, Volker: Sparta in the Third Reich, in: The Contribution of Ancient Sparta to Political Thought and Practice, edited by Nikos Birgalias, Kostas Buraselis, Paul Cartlege, Athen 2007, p. 460.

Gehl 1938 = Gehl, Walther: Geschichte der Antike in Stichworten, Breslau 1938.

Gehl 1940 = Gehl, Walther: Geschichte 6. Klasse Oberschulen, Gymnasien und Oberschulen in Aufbauform. Von der Urzeit bis zum Ende der Hohenstaufen, Breslau 1940.

Gellermann = Gellermann, Günther W.: Moskau ruft Heeresgruppe Mitte: Was nicht im Wehrmachtbericht stand. Die Einsätze des geheimen Kampfgeschwaders 200 im Zweiten Weltkrieg, Koblenz 1988.

Gellius = Gellius, Aulus: The attic nights, with an English translation by John C. Rolfe, vol. 2, Cambridge/Massachusetts 1960.

Gies = Gies, Horst: Geschichtsunterricht unter der Diktatur Hitlers, Köln 1992.

Gleim = Gleim, Johann Wilhelm Ludwig: Bei Eröffnung des Feldzuges (1756), in: Sämmtliche Werke (1811). Erste Originalausgabe aus des Dichters Handschriften durch Wilhelm Körte, Bd. 4, Darmstadt 1971, S. 1-3.

Goebbels = Goebbels, Josef: 18. 2. 43 – Berlin, Sportpalast – Kundgebung des Gaues Berlin der NSDAP, in: Goebbels-Reden, Bd. 2: 1939-1945, hrsg. v. Helmut Heiber, Düsseldorf 1972, S. 172-208.

Goethe = Goethe, Johann Wolfgang von: Das Göttliche (1785), in: Werke, Bd. 1 (1948), Hamburg ^{6}1962, S. 147-149.

Goetz = Goetz, Helmut: Der freie Geist und seine Widersacher. Die Eidverweigerer an den italienischen Universitäten im Jahre 1931, Frankfurt am Main 1993.

Götte = Götte, Johannes: Werner Jaeger (1888-1961), in: Eikasmos, Bd. 4, 1993, S. 217-228.

Hagen = Hagen, Benno von: Wege zu einem Humanismus im Dritten Reich, in: Humanistische Bildung im nationalsozialistischen Staate, Leipzig/Berlin 1933, S. 17-22.

Harder 1926 = Harder, Richard: ‘Ocellus Lucanus’. Text und Kommentar, Berlin 1926.

Harder 1928 = Harder, Richard: Antike und deutsche Volksgemeinschaft, in: Königsberger Allgemeine

Zeitung, Nr. 301, 29. 6. 1928.

Harder 1929a = Harder, Richard: Über Ciceros Somnium Scipionis (1929). in: Harder 1960, S. 354–395.

Harder 1929b = Harder, Richard: Die Einbürgerung der Philosophie in Rom (1929), in: Harder 1960, S. 330–353.

Harder 1930 = Harder, Richard: Sittenverwilderung, in: Deutsche Allgemeine Zeitung Berlin, Jg. 69, Nr. 471, 9. Oktober 1930.

Harder 1933 = Harder, Richard: Martin Heidegger. Die Selbstbehauptung der deutschen Universität, in: Gnomon. Kritische Zeitschrift für die gesamte klassische Altertumswissenschaft, Bd. 9, 1933, S. 440–442.

Harder 1934a = Harder, Richard: Nachträgliches zu humanitas (1934), in: Harder 1960, S. 401–412.

Harder 1934b = Harder, Richard: Platos Kriton (1934), in: Harder 1960, S. 223–246.

Harder 1934c = Harder, Richard: Plato und Athen (1934), in: Harder 1960, S. 212–222.

Harder 1936 = Harder, Richard: Das alte Griechenland: die Heimat der olympischen Idee, in: Leibesübungen und körperliche Erziehung, Bd. 55, 1936, Heft 14, S. 1–7.

Harder 1942 = Harder, Richard: Franz Bopp und die Indogermanistik. Zu Bopps 75jährigem Todestag, 23. Oktober 1942, in: Nationalsozialistische Monatshefte, Heft 152/153, 1942, S. 751–761.

Harder 1953 = Harder, Richard: Weltöffentlichkeit bei den alten Griechen (1953), in: Harder 1960, S. 39–56.

Harder 1960 = Harder, Richard: Kleine Schriften, hrsg. v. Walter Marg, München 1960.

Harder 1962 = Harder, Richard: Eigenart der Griechen. Einführung in die griechische Kultur, Freiburg 1962.

Harder Nachlaß = Harders Haltung im 3. Reich Universität Kiel, nicht signiert, in: Nachlaß Richard Harder, Ana 651, Karton C, BSB.

Hassell = Hassell, Ulrich von: Die Hassell-Tagebücher 1938–1944. Aufzeichnungen vom Andern Deutschland, unter Mitarbeit v. Klaus Peter Reiß, hrsg. v. Friedrich Freiherr Hiller von Gaertringen, Berlin 1988.

Hatvany = Hatvany, Ludwig: Die Wissenschaft des nicht Wissenswerten. Ein Kollegienheft (1908), München ^{2}1914.

Heiber = Heiber, Helmut: Der Generalplan Ost. Dokumentation, in: Vierteljahrshefte für Zeitgeschichte, Jg. 6, 1958, Heft 4, S. 281–325.

Heißmeyer = Heißmeyer, August: Die Nationalpolitischen Erziehungsanstalten, Berlin 1939.

Hellas = Hellas. Tagebuch einer Reise, hrsg. v. Ernst und Herbert Lehmann, Potsdam 1929.

Heller = Heller, Erich: Thomas Mann. Der ironische Deutsche (1959), Frankfurt am Main 1970.

Herrle = Herrle, Theo: Nationalsozialismus und Altertumswissenschaft, in: Aufbau: kulturpolitische Monatsschrift, Bd. 3, 1947, Heft 2, S. 29–32.

Hitler 1925 = Hitler, Adolf: Mein Kampf (1925). Eine kritische Edition, hrsg. v. Christian Hartmann, Thomas Vordermayer, Othmar Plöckinger, Roman Töppel, München/Berlin 2016, 2 Bde.

Hitler 1928 = Hitlers Zweites Buch. Ein Dokument aus dem Jahr 1928, eingeleitet und kommentiert von Gerhard L. Weinberg. Mit einem Geleitwort von Hans Rothfels, Stuttgart 1961.

Hitler 1929 = Hitler, Adolf: 4. August 1929 "Appell an die deutsche Kraft". Rede auf NSDAP-Reichsparteitag in Nürnberg, in: Reden, Schriften, Anordnungen. Februar 1925 bis Januar 1933, Bd. III/2, herausgegeben u. kommentiert v. Bärbel Dusik u. Klaus A. Lankheit, München/New Providence/London/Paris 1994, S. 345–354.

Hoffmann = Hoffmann, Peter: Claus Schenk Graf von Stauffenberg und seine Brüder, Stuttgart 1992.

Hölscher 1965 = Hölscher, Uvo: Die Chance des Unbehagens. Drei Essais zur Situation der klassischen Studien, Göttingen 1965.

Hölscher 1970 = Hölscher, Uvo: Aus der Geschichte lernen. Zum 70. Geburtstag von Kurt von Fritz am 25. August, in: Nachlaß Uvo Hölscher, Ana 690, 122, BSB.

Jaeger 1916 = Jaeger, Werner: Philologie und Historie (1916), in: Jaeger 1960a, S. 1-16.

Jaeger 1921 = Jaeger, Werner: Humanismus und Jugendbildung (1921), in: Jaeger 1960a, S. 41-67.

Jaeger 1924 = Jaeger, Werner: Die griechische Staatsethik im Zeitalter des Plato (1924), in: Jaeger 1960a, S. 87-102.

Jaeger 1925a = Jaeger, Werner: Antike und Humanismus (1925), in: Jaeger 1960a, S. 103-116.

Jaeger 1925b = Jaeger, Werner: Einführung, in: Die Antike, Bd. 1, 1925, S. 1-4.

Jaeger 1928 = Jaeger, Werner: Ueber Ursprung und Kreislauf des philosophischen Lebensideals (1928), in: Jaeger 1960c, Bd. 1, S. 347-393.

Jaeger 1929 = Jaeger, Werner: Die geistige Gegenwart der Antike (1929), in: Jaeger 1960a, S. 158-177.

Jaeger 1930 = Jaeger, Werner: Die Antike im wissenschaftlichen Austausch der Nationen (1930), in: Jaeger 1960a, S. 178-185.

Jaeger 1932 = Jaeger, Werner: Staat und Kultur (1932), in: Jaeger 1960a, S. 195-214.

Jaeger 1933 = Jaeger, Werner: Die Erziehung des politischen Menschen und die Antike, in: Volk im Werden, Bd. 1, 1933, Heft 3, S. 43-49.

Jaeger 1934 = Jaeger, Werner: Paideia. Die Formung des griechischen Menschen, Bd. 1, Berlin/Leipzig 1934.

Jaeger 1936 = Jaeger, Werner: Paideia. Die Formung des griechischen Menschen (1934), Bd. 1, Berlin/

Leipzig ^{2}1936.

Jaeger 1938 = Jaeger, Werner: Greek and Jews (1938), in: Jaeger 1960c, Bd. 2, pp. 169–183.

Jaeger 1948 = Jaeger, Werner: Die Griechen und das philosophische Lebensideal (1948), in: Jaeger 1960a, S. 222–239.

Jaeger 1952 = Jaeger, Werner: The Moral Value of the Contemplative Life, in: Moral Principles of Action, planed and edited by Ruth Nanda Anshen, New York/London 1952, pp. 77–93.

Jaeger 1956 = Jaeger, Werner: Die asketisch-mystische Theologie des Gregor von Nyssa (1956), in: Jaeger 1960a, S. 266–286.

Jaeger 1960a = Jaeger, Werner: Humanistische Reden und Vorträge, zweite erweiterte Auflage, Berlin 1960.

Jaeger 1960b = Jaeger, Werner: Die klassische Philologie an der Unviersität Berlin von 1870–1945, in: Studium Berolinense. Aufsätze und Beiträge zu Problemen der Wissenschaft und zur Geschichte der Friedrich-Wilhelms-Universität zu Berlin, hrsg. v. Hans Leussink, Eduard Neumann u. Georg Kotowski, Berlin 1960, S. 459–485.

Jaeger 1960c = Jaeger, Werner: Scripta Minora, Roma 1960, 2 Bde.

Kant = Kant, Immanuel: Grundlegung zur Metaphysik der Sitten (1785), Erlangen 1984.

Kathe = Kathe, Heinz: Preußen zwischen Mars und Musen. Eine Kulturgeschichte von 1100 bis 1920, München/Berlin 1993.

Klein = Klein, Uwe: Stefan Andres innere Emigration in Deutschland und im „Exil“, Mainz 1991.

Klemperer = Klemperer, Victor: LTI. Notizbuch eines Philologen (1957), Stuttgart ^{23}2007.

Koltermann = Koltermann, Till Philip: Der Untergang des Dritten Reiches im Spiegel der deutsch-japanischen

Kulturbegegnung 1933–1945, Wiesbaden 2009.

Königseder = Königseder, Angelika: Walter de Gruyter: ein Wissenschaftsverlag im Nationalsozialismus, Tübingen 2016.

Kranzdorf = Kranzdorf, Anna: Ausleseinstrument, Denkschule und Muttersprache des Abendlandes. Debatten um den Lateinunterricht in Deutschland 1920–1980, Berlin/Boston 2018.

Krieck 1932 = Krieck, Ernst: Nationalpolitische Erziehung (1932), Leipzig $^{17/18}$1934.

Krieck 1933 = Krieck, Ernst: Unser Verhältnis zu Griechen und Römern, in: Volk im Werden, Bd. 1, 1933, Heft 5, S. 77f.

Krüger, G. = Krüger, Gerhard: Die Stellung Karls des Großen in der deutschen und europäischen Geschichte, in: Vergangenheit und Gegenwart. Monatsschrift für Geschichtsunterricht und politische Erziehung, Jg. 32, 1942, S. 81–102.

Krüger, H. = Krüger, Hardy: Von der Ordensburg nach Babelsberg, in: Leeb, S. 60–69.

Kuhlmann = Kuhlmann, Peter: Humanismus und Alte Sprachen im Dritten Reich, in: Archiv für Kulturgeschichte, Bd. 88, 2006, S. 409–431.

Landfester 1996 = Landfester, Manfred: Griechen und Deutsche: Der Mythos einer ›Wahlverwandschaft‹, in: Mythos und Nation. Studien zur Entwicklung des kollektiven Bewußtseins in der Neuzeit 3, hrsg. v. Helmut Berding, Frankfurt am Main 1996, S. 198–219.

Landfester 2000 = Landfester, Manfred: Geistiger Wiederaufbau Deutschlands durch die humanistische Erinnerungskultur nach 1945, in: Gießener Universitätsblätter, Jg. 33, 2000, S. 77–85.

Landfester 2011 = Landfester, Manfred: “Kriegseinsatz der Geisteswissenschaften”. Die Klassische Philologie unter dem Diktat der nationalsozialistischen Ideologie (2011), in: Schneider, S. 213–226.

Leeb = Leeb, Johannes: »Wir waren Hitlers Eliteschüler« Ehemalige Zöglinge der NS-Ausleseschulen brechen ihr Schweigen (1998), München ^{5}2001.

Lehrplan = Altsprachlicher Lehrplan für das Deutsche humanistische Gymnasium, vorgelegt vom Deutschen Altphilologen-Verband, Berlin 1930.

Lennartz = Lennartz, Karl: Reinhard Appel und Carl Diems Rede am 18. März 1945, in: Erinnerungskultur im Sport. Vom kritischen Umgang mit Carl Diem, Sepp Herberger und anderen Größen des deutschen Sports, hrsg. v. Michael Krüger, Berlin 2012, S. 225–239.

Lenz = Lenz, Fritz: Menschliche Auslese und Rassenhygiene (Eugenik), Bd. II (1921), München ^{4}1932.

Lessing = Lessing, Gotthold Ephraim: Eine Duplik, in: Werke, hrsg. v. G. Göpfert, Bd. 8, München 1979, S. 30–101.

Lichtenberger = Lichtenberger, Henri: The Third Reich, translated from the French and edited by Koppel S. Pinson, with a foreword by Nicholas Murray Butler, New York 1937.

Lill = Lill, Rudolf (Hrsg.): Hochverrat? Neue Forschungen zur »Weißen Rose«, Konstanz 1999.

Lohse 1991 = Lohse, Gerhard: Klassische Philologie und Zeitgeschehen. Zur Geschichte eines Seminars an der Hamburger Universität in der Zeit des Nationalsozialismus, in: Hochschulalltag im »Dritten Reich«. Die Hamburger Universität 1933–1945, Teil II. Philosophische Fakultät, Rechts- und Staatswissenschaftliche Fakultät, hrsg. v. Eckart Krause, Ludwig Huber, Holger Fischer, Berlin/Hamburg 1991, S. 775–826.

Lohse 1997 = Lohse, Gerhard: Geistesgeschichte und Politik. Bruno Snell als Mittler zwischen Wissenschaft und Gesellschaft, in: Antike und Abendland. Beiträge zum Verständnis der Griechen und Römer und ihres

Nachlebens, Bd. 43, 1997, S. 1-20.

Losemann 1977 = Losemann, Volker: Nationalsozialismus und Antike. Studien zur Entwicklung des Faches Alte Geschichte 1933-1945, Hamburg 1977.

Losemann 1980 = Losemann, Volker: Programme deutscher Althistoriker in der „Machtergreifungsphase“ (1980), in: Losemann 2017, S. 3-41.

Losemann 1984 = Losemann, Volker: in: Nationalsozialistische Weltanschauung und Herrschaftspraxis (1933-1935), in: Der Nationalsozialismus an der Macht. Aspekte nationalsozialistischer Politik und Herrschaft, hrsg. v. Klaus Malettke, Göttingen 1984, S. 9-52.

Losemann 1998 = Losemann, Volker: *Die Dorier* im Deutschland der dreißiger und vierziger Jahre (1998), in: Losemann 2017, S. 107-136.

Losemann 2012 = Losemann, Volker: The Spartan Tradition in Germany, 1870-1945, in: Sparta in Modern Thought: Politics, History and Culture, edited by Stephen Hodkinson/Ian Macgregor Morris, Swansea 2012, pp. 253-314.

Losemann 2013 = Losemann, Volker: Sparta als *Kehrseite* Griechenlands. Aspekte der literarischen Sparta-Rezeption im »Dritten Reich«, in: Kultur(en) - Formen des Alltäglichen in der Antike, hrsg. v. Peter Mauritsch und Christoph Ulf, Teil 2, Graz 2013, S. 829-850.

Losemann 2014 = Losemann, Volker: Stefan Andres und die Herrschaft der spartanischen “Blutjunker”. Regimekritik und literarische Sparta-Rezeption in der NS-Zeit, in: Mitteilungen der Stefan-Andres-Gesellschaft, Bd. 35, 2014, S. 43-67.

Losemann 2017 = Losemann, Volker: Klio und die Nationalsozialisten. Gesammelte Schriften zur

Wissenschafts- und Rezeptionsgeschichte, hrsg. v. Claudia Deglau, Patrick Reinard u. Kai Ruffing, Wiesbaden 2017.

Ludwig = Ludwig, Walther: Amtsenthebung und Emigration Klassischer Philologen, in: Berichte zur Wissenschaftsgeschichte, Bd. 7, 1984, S. 161–178.

Mehring = Mehring, Reinhard: Humanismus als «Politikum». Werner Jaegers Problemgeschichte der griechischen «Paideia», in: Antike und Abendland. Beiträge zum Verständnis der Griechen und Römer und ihres Nachlebens, Bd. 45, 1999, S. 111–128.

Meinecke = Meinecke, Friedrich: Die deutsche Katastrophe. Betrachtungen und Erinnerungen (1946), Wiesbaden 1965.

Mensching = Mensching, Eckart: Über Werner Jaeger (geb. am 30. Juli 1888) und seinen Weg nach Berlin, in: Nugae zur Philologie-Geschichte II, Berlin 1989, S. 60–92.

Mertens = Mertens, Adolf: Schulungslager und Lagererziehung, Dortmund/Breslau 1937.

Möhring = Möhring, Maren: Marmorleiber. Körperbildung in der deutschen Nacktkultur (1890–1930), Köln/Weimar/Wien 2004.

Mommsen 1856 = Mommsen, Theodor: Römische Geschichte (1856), München 1976, Bd. 5.

Mommsen 1869 = Mommsen, Theodor: Otto Jahn (1869), in: Reden und Aufsätze, Berlin 1905, S. 458–461.

Mommsen 1948 = Mommsen, unveröffentlichte Testamentklausel in: Die Wandlung. Eine Monatsschrift, Jg. 3, 1948, S. 69f.

Müller, K. = Müller, Karl Otfried: Die Dorier (1844), Hildesheim 1989, 2 Bde.

Müller, S. = Müller, Sven: Der nicht geleistete Eid des Rostocker Griechisch-Professors Kurt von Fritz auf

Adolf Hitler - "preußisch-starre Haltung" oder staatsbürgerliche Verantwortung von Wissenschaft? in: Zeitgeschichte regional. Mitteilungen aus Mecklenburg-Vorpommern, Bd. 9, 2005, Heft 2, S. 67–77.

Näf = Näf, Beat: Werner Jaegers *Paideia*: Entstehung, kulturpolitische Absichten und Rezeption, in: Werner Jaeger reconsidered. Proceedings of the Second Oldfather Conference, held on the campus of the University of Illinois at Urbana-Champaign, april 26–28, 1990, edited by William M. Calder III, Atlanta 1992, S. 125–146.

Newald = Newald, Richard: Humanitas, Humanismus, Humanität, Essen 1947.

Nolte = Nolte, Ernst: Zur Typologie des Verhaltens der Hochschullehrer im Dritten Reich, in: Aus Politik und Zeitgeschichte, Bd. 46/65, 1965, S. 3–14.

Obermayer = Obermayer, Hans Peter: Deutsche Altertumswissenschaftler im amerikanischen Exil. Eine Rekonstruktion, Berlin/Boston 2014.

Olympia = Olympia 1936. Eine nationale Aufgabe, Berlin 1935.

Onken = Onken, Björn: Humanistische Bildung im Widerstand. Die Weiße Rose und das kulturelle Erbe der Antike, in: Schneider, S. 227–246.

Oppermann = Oppermann, Hans: Die alten Sprachen in der Neuordnung des höheren Schulwesens, in: Neue Jahrbücher für Antike und deutsche Bildung, Jg. 1, 1938, S. 127–136.

Orozco = Orozco, Teresa: Die Platon-Rezeption in Deutschland um 1933, in: »Die besten Geister der Nation«. Philosophie und Nationalsozialismus, hrsg. v. Ilse Korotin, Wien 1994, S. 141–185.

Overesch = Overesch, Manfred: Dokumentation zur deutschen Bildungspolitik nach dem 2. Weltkrieg. Werner Jaegers Brief an Eduard Spranger vom 26. Mai 1948, in: Gymnasium: Zeitschrift für Kultur der

Antike und humanistische Bildung, Bd. 89, 1982, S. 109–121.

Picker = Picker, Henry: Hitlers Tischgespräche im Führerhauptquartier: Entstehung, Struktur, Folgen des Nationalsozialismus, Berlin 1997.

Platner = Platner, Geert (Hrsg.): Schule im Dritten Reich - Erziehung zum Tod? Eine Dokumentation, München 1983.

Plutarch = Plutarch: Lykurgos, in: Große Griechen und Römer, eingeleitet und übersetzt v. Konrat Ziegler, Bd. 1, Zürich/Stuttgart 1954, S. 125–167.

Pohlenz = Pohlenz, Max: Antikes Führertum. Cicero de officiis und das Lebensideal des Panaitios, Leipzig/Berlin 1934.

Preuß = Preuß, Arthur (Übersetzung): Horst Wessel=Lied, in: Das humanistische Gymnasium, Bd. 44, 1933, Heft 6, S. 235.

Rawson = Rawson, Elizabeth: The Spartan Tradition in European Thought, Oxford 1969.

Rebenich = Rebenich, Stefan: Die Deutschen und ihre Antike. Eine wechselvolle Beziehung, Stuttgart 2021.

Reibnitz = Reibnitz, Barbara von: Nietzsches ‚Griechischer Staat' und das Deutsche Kaiserreich, in: Der altsprachliche Unterricht. Zur Geschichte der klassischen Philologie und des altsprachlichen Unterrichts III, Jg. 30, 1987, Heft 3, S. 76–89.

Reichserbhofgesetz = Reichserbhofgesetz vom 29. September 1933, in: http://www.verfassungen.de/de33-45/reichserbhof33.htm

Reichsgesetzblatt = Reichsgesetzblatt. Teil 1, Jg. 1934, Berlin 1934.

Roche = Roche, Helen: Sparta's German Children. The ideal of ancient Sparta in the Royal Prussian Cadet

Corps, 1818–1920, and in National Socialist elite schools (the Napolas), 1933–1945, Swansea 2013.

Römer = Römer, Ruth: Sprachwissenschaft und Rassenideologie in Deutschland, München 1985.

Rosenberg = Rosenberg, Alfred: Der Mythus des 20. Jahrhunderts (1930), München ^{6}1936.

Rösler = Rösler, Wolfgang: Werner Jaeger und der Nationalsozialismus, in: Werner Jaeger: Wissenschaft, Bildung, Politik, hrsg. v. Colin Guthrie King u. Roberto Lo Presti, Berlin/Boston 2017, S. 51–82.

Rust 1935 = Rust, Bernhard: Rede des Preuß. Kultusministers Rust bei der Einweihung der landgebundenen Hochschule für Lehrerbildung in Lauenburg (Pommern) am 24. Juni 1933, in: Deutsche Erziehung im neuen Staat, Langensalza 1935, S. 41–44.

Rust 1936 = Rust, Bernhard: Nationalsozialismus und Wissenschaft. Rede des Reichsministers Rust beim Festakt in Heidelberg, in: Das nationalsozialistische Deutschland und die Wissenschaft, Hamburg 1936, S. 9–22.

Said = Said, Edward W.: Orientalism (1978), London 2003.

Sarkowicz = Sarkowicz, Hans/Mentzer, Alf: Literatur in Nazi-Deutschland. Ein biografisches Lexikon, Hamburg/Wien 2000.

Schäche = Schäche, Wolfgang/Szymanski, Norbert: Das Reichssportfeld. Architektur im Spannungsfeld von Sport und Macht, Berlin 2001.

Schadewaldt = Schadewaldt, Wolfgang: Richard Harder (Nachruf), in: Gnomon. Kritische Zeitschrift für die gesamte klassische Altertumswissenschaft, Bd. 30, 1958, S. 73–76.

Schiedeck = Schiedeck, Jürgen/Stahlmann, Martin: Die Inszenierung ‹totalen Erlebens›: Lagererziehung im Nationalsozialismus, in: Politische Formierung und soziale Erziehung im Nationalsozialismus, hrsg. v. Hans-

Uwe Otto u. Heinz Sünker, Frankfurt am Main 1991, S. 167–202.

Schiller = Schiller, Friedrich: Der Spaziergang (1795), in: Sämtliche Werke, Bd. 1, München 1980, S. 228–234.

Schinke = Schinke, Gerhart: "Studenten greifen an!" in: Rostocker Universitäts=Zeitung, 19. 7. 1934, S. 11–13.

Schirach = Schirach, Baldur von: Die Hitler=Jugend. Idee und Gestalt, Leipzig 1934.

Schmid = Schmid, Alfred: Vom Basler „Ring" (1926), in: Die deutsche Jugendbewegung 1920 bis 1933. Die bündische Zeit. Quellenschriften, hrsg. v. Werner Kindt, Düsseldolf/Köln 1974, S. 935–938.

Schmidt = Schmidt, Martin: Hephaistos lebt - Untersuchungen zur Frage der Behandlung behinderter Kinder in der Antike, in: Hephaistos. Kritische Zeitschrift zu Theorie und Praxis der Archäologie, Kunstwissenschaft und angrenzender Gebiete, Bd. 5/6–1983/84, S. 133–161.

Schneble = Schneble, Joseph: Ansprache zur Vierhundertjahrfeier des Kurfürst Friedrich-Gymnasiums in Heidelberg am 9. Okt. 1946, in: Gymnasium: Zeitschrift für Kultur der Antike und humanistische Bildung, Bd. 56, 1949, S. 11–23.

Schneider = *in omni historia curiosus*. Studien zur Geschichte von der Antike bis zur Neuzeit. Festschrift für Helmuth Schneider zum 65. Geburtstag, hrsg. v. Björn Onken u. Dorothea Rohde, Wiesbaden 2011.

Scholtz = Scholtz, Harald: NS-Ausleseschulen. Internatsschulen als Herrschaftsmittel des Führerstaates, Göttingen 1973.

Schott = Schott, Gerhard: Richard Harder, Klassischer Philologe, Erster Interpret der Flugblätter der »Weißen Rose«, und das »Institut für Indogermanische Geistesgeschichte«, in: Die Universität München im Dritten

Reich. Aufsätze. Teil II, hrsg. v. Elisabeth Kraus, München 2008, S. 413-500.

Schreiber = Schreiber, Maximilian: Altertumswissenschaften im Nationalsozialismus. Die Klassische Philologie an der Ludwig-Maximilian-Universität, in: Die Universität München im Dritten Reich. Aufsätze. Teil I, hrsg. v. Elisabeth Kraus, München 2006, S. 181-248.

Schulz = Schulz, Gerhard: Johannes Popitz, in: 20. Juli. Porträts des Widerstands, hrsg. v. Rudolf Lill u. Heinrich Oberreuter, Düsseldorf/Wien 1984, S. 237-251.

Schumann = Deutsche Bildung? Briefwechsel zweier Schulmänner Otto Schumann - Martin Havenstein 1930-1944, hrsg. v. Notker Hammerstein, Frankfurt am Main 1988.

Sieg = Sieg, Ulrich: Strukturwandel der Wissenschaft im Nationalsozialismus, in: Berichte zur Wissenschaftsgeschichte, Bd. 24, 2001, S. 255-270.

Sloterdijk = Sloterdijk, Peter: Kritik der zynischen Vernunft, Bd. 1, Frankfurt am Main 1983.

Snell 1932 = Snell, Bruno: in: Klassische Philologie im Deutschland der zwanziger Jahre (1932), in: Der Weg zum Denken und zur Wahrheit. Studien zur frühgriechischen Sprache, Göttingen 1978, S. 105-121.

Snell 1935 = Snell, Bruno: Besprechung von W. Jaeger, Paideia (1935), in: Gesammelte Schriften, Göttingen 1966, S. 32-54.

Snell 1954 = Snell, Bruno: Ernüchterte Altertumswissenschaft, in: Deutscher Geist zwischen gestern und morgen. Bilanz der kulturellen Entwicklung seit 1945, hrsg. v. Joachim Moras u. Hans Paeschke unter Mitwirkung von Wolfgang v. Einsiedel, Stuttgart 1954, S. 289-297.

Sparta = Sparta. Der Lebenskampf einer nordischen Herrenschicht. Arbeitsheft der Adolf Hitler-Schulen, Kempten 1940.

Speer = Speer, Albert: Erinnerungen, Frankfurt am Main/Berlin 1969.

Spranger = Spranger, Eduard: Das deutsche Bildungsideal der Gegenwart in geschichtsphilosophischer Beleuchtung (1926), in: Gesammelte Schriften, Bd. 5, Tübingen 1969, S. 30–106.

Stiewe = Stiewe, Barbara: Der »Dritte Humanismus«. Aspekte deutscher Griechenrezeption vom George-Kreis bis zum Nationalsozialismus, Berlin 2011.

Sturm = Sturm, Karl Friedrich: Deutsche Erziehung im Werden. Von der pädagogischen Reformbewegung zur völkischen und politischen Erziehung, 4. verbesserte u. vermehrte Ausgabe, Osterwieck Harz/Berlin 1938.

Touloumakos = Touloumakos, Johannes: Anpassung und Kritik gegenüber der NS-Diktatur durch die griechische Staatstheorie, in: Politische Theorie und Praxis im Altertum, hrsg. v. Wolfgang Schuller, Darmstadt 1998, S. 231–277.

Vacano = Vacano, Otto Wilhelm von: Lelegia. Eine vorgriechische Siedlung auf dem Kufowuno bei Sparta, Sonthofen 1944.

Valentiner = Valentiner, Theodor: Die seelischen Ursachen des Geburtenrückganges, München/Berlin 1937.

Verhandlungen = Erste Sitzung am Domnerstag den 4. Dezember 1890, in: Deutsche Schulkonferenzen, Bd. 1, Verhandlungen über Fragen des höheren Unterrichts, Berlin, 4. bis 17. Dezember 1890 (1891), Glashütten 1972, S. 67–91.

Volz = Volz, Gustav Berthold (Hrsg.): Friedrich der Große im Spiegel seiner Zeit, Bd. 1 Jugend und Schlesische Kriege bis 1756, Berlin 1901.

Walter = Walter, Otto: Sparta im griechischen Unterricht, in: Die Alten Sprachen, Jg. 3, 1938, S. 96–102.

Weber = Weber, Max: Die Wirtschaftsethik der Weltreligionen, in: Gesamtausgabe, hrsg. v. Horst Baier, M. Rainer Lepsius, Wolfgang J. Mommsen, Wolfgang Schluchter, Johannes Winckelmann, Abt. I, Bd. 19, Tübingen 1989.

Wechmar = Wechmar, Rüdiger Freiherr von: Ich wurde von der preußischen Tradition erzogen, in: Leeb, S. 23-37.

Wegeler = Wegeler, Cornelia: "... wir sagen ab der internationalen Gelehrtenrepublik". Altertumswissenschaft und Nationalsozialismus. Das Göttinger Institut für Altertumskunde 1921-1962, Wien/Köln/Weimar 1996.

Weinstock = Weinstock, Heinrich: Polis. Der griechische Beitrag zu einer deutschen Bildung heute, an Thukydides erläutert, Berlin 1934.

Werner = Werner, J.: Zur Lage der Geisteswissenschaften in Hitler-Deutschland, in: Schweizerische Hochschulzeitung, Jg. 19, 1945/46, Heft 2, S. 71-81.

Wesseling = Wesseling, Klaus-Gunther: Werner Jaeger, in: Biographisch-bibliographisches Kirchenlexikon, bearbeitet und herausgegeben v. Friedrich Wilhelm Bautz, Bd. 18, Herzberg 2001, S. 717-749.

Wieder = Wieder, Joachim: Stalingrad und die Verantwortung des Soldaten. Mit einem Geleitwort von Helmut Gollwitzer, München 1962.

Wiese = Wiese, Benno von: Ich erzähle mein Leben: Erinnerungen, Frankfurt am Main 1982.

Willing = Willing, Karl: Der Geist Spartas. Geschichte, Verfassung und Sitten der Spartaner nach Schilderungen griechischer Schriftsteller, Berlin 1935.

Winfrid = Winfrid: Sinnwandel der formalen Bildung, Leipzig 1935.

Wolf = Wolf, Friedrich August: Darstellung der Alterthums-Wissenschaft nach Begriff, Umfang, Zweck und

Werth (1807), in: Kleine Schriften in lateinischer und deutscher Sprache (1869), hrsg. v. Gottfried Bernhardy, Hildesheim ^{2}2004, Bd. 2, S. 808-895.
Wolff = Wolff, Erwin: Politisches Zeugnis über Richard Harders wissenschaftliche Produktion 1933-1944 von Dr. Erwin Wolff, Frankfurt 7. 1. 1948, in: Nachlaß Richard Harder, Ana 651, Karton C, BSB.
Xenophon = Xenophon: Die Verfassung der Spartaner, herausgegeben, übersetzt und erläutert von Stefan Rebenich, Darmstadt 1998.

邦語文献

アリストテレス＝アリストテレス『ニコマコス倫理学』（加藤信朗訳、『アリストテレス全集』第一三巻、岩波書店、一九七三年）。
曽田 二〇〇五＝曽田長人『人文主義と国民形成――19世紀ドイツの古典教養』（知泉書館、二〇〇五年）。
曽田 二〇一六＝曽田長人「ドイツ新人文主義に見られるルターの影響――F・I・ニートハンマーを例に」（東洋大学経済研究会『経済論集』第四二巻第一号、二〇一六年）一〇七―一二一頁。
曽田 二〇一七＝曽田長人「市民社会と古典教養――公共性の転換」（東洋大学人間科学総合研究所『東洋大学人間科学総合研究所紀要』第一九号、二〇一七年）一三三―一四九頁。
曽田 二〇二一＝曽田長人「人文主義者のナチズムに対する抵抗（2）――コンラート・ツィークラーの場合」（東洋大学経済研究会『経済論集』第四六巻第二号、二〇二一年）一九三―二二一頁。
孫歌＝孫歌「竹内好に学ぶこと」(http://takeuchiyoshimi.holy.jp/special/sonka.html)
竹内＝竹内好「中国の近代と日本の近代」（『日本とアジア』所収、筑摩書房（ちくま学芸文庫）、一九九三年）一一―五七頁。

豊永＝豊永泰子「ナチス体制と世襲農場制」（日本西洋史学会『西洋史学』第七九号、一九六八年）二二―四二頁。

長谷川＝長谷川岳男「勝利か玉砕か――テルモピュライの戦いの記憶」（軍事史学会『軍事史学』第五一巻第二号、二〇一五年）四―二八頁。

プラトン＝プラトン『国家』（藤沢令夫訳、『プラトン全集』第一一巻、岩波書店、一九七六年）。

プルタルコス＝プルタルコス「リュクルゴス」（清水昭次訳、村川堅太郎編『プルタルコス英雄伝』上巻所収、筑摩書房（ちくま学芸文庫）、一九九六年）五一―一〇二頁。

ベル＝ハインリヒ・ベル「旅人ヨ、スパルタノ地ニ赴カバ、彼ノ地ノ人ニ……」（青木順三編訳『ハインリヒ・ベル短篇集』所収、岩波書店（岩波文庫）、一九八八年）五―二二頁。

山村＝山村敬「Lyra Graeca 覚書1――カッリーノス、テュルタイオス」（『東北学院大学論集　一般教育』第五四号、一九七〇年）一―三六頁。

視聴覚資料（DVD）

HITLERJUGEND＝Die Geschichte der HITLERJUGEND (DVD), POLAR Film + Medien GmbH 2003.
ナポラ＝『エリート養成機関　ナポラ』（TCエンタテインメント、二〇〇六年）。

初出一覧

第Ⅰ部

第一章
「人文主義者のナチズムに対する傍観――ヴェルナー・イェーガーの場合」（東洋大学経済研究会『経済論集』第四五巻第二号、二〇二〇年）六九―九四頁。
第二章
「人文主義者のナチズムに対する協調――リヒャルト・ハルダーの場合」（東洋大学経済研究会『経済論集』第四四巻第二号、二〇一九年）一六五―一八七頁。
第三章
「人文主義者のナチズムに対する抵抗――クルト・フォン・フリッツの場合」（東洋大学人間科学総合研究所『東洋大学人間科学総合研究所紀要』第二二号、二〇二〇年）八九―一〇三頁。

第Ⅱ部

第一章、第二章第一節―第五節
「ドイツ第三帝国におけるスパルタの受容（一）」（東洋大学経済研究会『経済論集』第四三巻第二号、二〇一八年）一九九―二二四頁。
第二章第六節、第三章、第四章、小括
「ドイツ第三帝国におけるスパルタの受容（二）」（東洋大学経済研究会『経済論集』第四四巻第一号、二〇一八年）一―三〇頁。

第Ⅲ部

第一章
「人文主義者のナチズムに対する傍観」前掲、九四―九九頁。
第二章
「人文主義者のナチズムに対する協調」前掲、一八七―一九四頁。
第三章
「人文主義者のナチズムに対する抵抗」前掲、一〇三―一一〇頁。

＊本書は、右の論文に手を加えて成立した。ただし序の大部分、第Ⅰ部の補論、各部の冒頭、第Ⅰ部と第Ⅲ部の小括、結語は書き下ろしである。

あとがき

本書は、平成二九年度科学研究費助成金（基盤研究C、課題番号17K02265）による研究成果として公表するものである。一六年前、筆者は『人文主義と国民形成――19世紀ドイツの古典教養』（知泉書館、二〇〇五年）を上梓した。本書はそれに続く、ドイツの人文主義に関する二冊目の著作である。

筆者が第三帝国と人文主義の関わりに関心を抱いた直接的な切っかけは、以下のとおりである。二〇一三年度、勤務先の研究休暇でドイツ、マールブルク大学の歴史学‐文化学専門領域で研究を行った。当時、同専門領域の古代史部門のスタッフの知遇を得、その図書館を利用することが許された。古代史部門の図書館には、第三帝国と人文主義の関わりに関する貴重な文献が多数、保存されていた。第三帝国下の古代史研究との批判的な取り組みに先鞭をつけた、カール・クリスト教授以来の尽力によるものという。そういった文献を目にし、右記専門領域のスタッフの謦咳に接しているうちに、本書の構想が次第に固まってきた。

ここで、カバーで使用した写真について説明させていただきたい。紀元前五世紀の彫刻家ミュロン作の「円盤投げ」は古来、古代ギリシア芸術の傑作として名高い。現存はしないが模作が複数残されており、一九三八年ドイツ政府は、一七八一年に発見されたこの像の優れた模作を、九一万四七四八ライヒスマルク（単純に比較はできないが二〇二一年九月六日のレートでは約四億七六〇〇万円）を払い、イタリアのランチェロッティ家から購入した。この「円盤投げ」は、ベルリン・オリンピックの記録映画『オリンピア』第一部『民族の祭典』のプロローグで用いられたことでも有名である（この像が、ドイツ人の円盤投げ選手と二重写しになり、「ギリシア人という理想が、新しい若々しい力によってたくましくなったドイツ民族と内的に類似していることを証する」（Bernett, S. 37））。カバー写真は、購入後ミュンヘンにある美術館、グリュプトテークで展示されたこの像を鑑賞するヒトラーたちである。なお、像は第二次世界大戦後、イタリアに返却された。

本書を執筆するための資料収集の際、ドイツ国立図書館、ベルリン州立図書館、バイエルン州立図書館、バイエルン学術アカデミー資料館、マールブルク大学図書館、ハーヴァード大学図書館、東洋大学図書館などのお世話になった。マールブルク大学歴史学 - 文化学専門領域のスタッフ、特にフォルカー・ローゼマン先生からは、研究を進める上で貴重な示唆や情報をいただいた。ヘルダー書店とバイエルン学術アカデミー資料館からは、写真の掲載許可をいただいた。この場を借りて、関係者の方々に心からお礼を申し上げたい。

本書の執筆と刊行に際しては、講談社の編集者、互盛央さんに声をかけていただいた。こちらの都合で原稿の締め切りを延期していただき、ご迷惑をおかけしたが、無事に脱稿することができた。互さんと、本書の編集の実務を担当していただいた岡林彩子さんに、深い感謝の言葉を述べさせていただく。

二〇二一年八月三一日

曽田長人

曽田長人（そだ たけひと）

一九六六年、東京都生まれ。東北大学文学部卒業。東京大学大学院総合文化研究科博士課程単位取得退学。学術博士（東京大学）。東洋大学教授。専門はドイツ思想史、ドイツ文学、スイス文学。

著書に『人文主義と国民形成——19世紀ドイツの古典教養』（知泉書館、二〇〇五年）、訳書にW・イェーガー『パイディア——ギリシアにおける人間形成』上巻（知泉書館、二〇一八年）など。

スパルタを夢《ゆめ》見《み》た第《だい》三《さん》帝《てい》国《こく》

二〇世紀《にじゅっせいき》ドイツの人文主義《じんぶんしゅぎ》

二〇二一年一二月　七日　第一刷発行

著者　曽《そ》田《だ》長《たけ》人《ひと》

発行者　鈴木章一

発行所　株式会社 講談社

東京都文京区音羽二丁目一二—二一　〒一一二—八〇〇一

電話（編集）〇三—三九四五—四九六三

（販売）〇三—五三九五—四四一五

（業務）〇三—五三九五—三六一五

装幀者　奥定泰之

本文印刷　株式会社 新藤慶昌堂

カバー・表紙印刷　半七写真印刷工業株式会社

製本所　大口製本印刷株式会社

KODANSHA

ISBN978-4-06-526541-3　Printed in Japan　N.D.C.234　277p　19cm

講談社選書メチエの再出発に際して

講談社選書メチエの創刊は冷戦終結後まもない一九九四年のことである。長く続いた東西対立の終わりはついに世界に平和をもたらすかに思われたが、その期待はすぐに裏切られた。超大国による新たな戦争、吹き荒れる民族主義の嵐……世界は向かうべき道を見失った。そのような時代の中で、書物のもたらす知識が一人一人の指針となることを願って、本選書は刊行された。

それから二五年、世界はさらに大きく変わった。特に知識をめぐる環境は世界史的な変化をこうむったとすら言える。インターネットによる情報化革命は、知識の徹底的な民主化を推し進めた。誰もがどこでも自由に知識を入手でき、自由に知識を発信できる。それは、冷戦終結後に抱いた期待を裏切られた私たちのもとに差した一条の光明でもあった。

その光明は今も消え去ってはいない。しかし、私たちは同時に、知識の民主化が知識の失墜をも生み出すという逆説を生きている。堅く揺るぎない知識も消費されるだけの不確かな情報に埋もれることを余儀なくされ、不確かな情報が人々の憎悪をかき立てる時代が今、訪れている。

この不確かな時代、不確かさが憎悪を生み出す時代にあって必要なのは、一人一人が堅く揺るぎない知識を得、生きていくための道標を得ることである。

フランス語の「メチエ」という言葉は、人が生きていくために必要とする職、経験によって身につけられる技術を意味する。選書メチエは、読者が磨き上げられた経験のもとに紡ぎ出される思索に触れ、生きるための技術と知識を手に入れる機会を提供することを目指している。万人にそのような機会が提供されたとき初めて、知識は真に民主化され、憎悪を乗り越える平和への道が拓けると私たちは固く信ずる。

この宣言をもって、講談社選書メチエ再出発の辞とするものである。

二〇一九年二月　　野間省伸